U0938426

漁樵問對

「宋」邵雍 著
楚豫亭 注譯

古籍書局
THE ANCIENT WORKS BOOK LIMITED

漁樵問對

作　　者：（宋）邵雍 著；楚豫亭 注譯

責任編輯：謙　和

裝幀設計：謙德文化

出　　版：古籍書局有限公司

香港尖沙咀金巴利道 53 號

E-MAIL：qiandedushu@qq.com

發　　行：香港聯合書刊物流有限公司

香港新界荃灣德士古道 220-248 號荃灣工業中心 16 樓

印　　刷：深圳市精一瑞蘭印刷有限公司

廣東省深圳市龍崗區南嶺龍山工業區 25 號 1-3

版　　次：2025 年 8 月第 1 版第 6 次印刷

定　　價：HK$ 58.00　NT$ 240.00

ISBN 978-988-70548-4-9

Published in Hong Kong,China

導讀

《漁樵問對》是一部充滿智慧和哲理的寓言式作品，被譽爲千古雄文。可以發現這部作品不僅是一部對話體哲學著作，更是一部深邃探討宇宙、自然、社會、人生及道德倫理的哲思之作。

邵雍(1012—1077)，字堯夫，號安樂先生、伊川翁等，北宋相州林縣(今河南林州市)人，祖籍范陽(今河北)。北宋理學家、數學家、詩人、易學家，與周敦頤、張載、程顥、程頤並稱「北宋五子」。天聖四年(1026)，隨父邵古遷居衛州共城(今河南輝縣)，定居於蘇門山百源之上，故而人稱「百源先生」。其學派曾被稱爲「百源學派」。少有大志，刻苦爲學。皇祐元年(1049)，定居洛陽，師從李之才學《河圖》《洛書》與伏羲八卦，學有大成，雖有幾次被舉薦授官，但終身不仕。大中祥符四年(1011)十二月二十五日出生(1012年1月21日)，熙寧十年七月初五(1077年7月27日)去世，終年66歲，獲贈著作郎。元祐年間，賜謚號康節。咸淳三年(1267)，從祀於孔廟。著有《皇極經世》《觀物內外篇》《先天圖》《漁樵問對》《伊川擊壤集》《梅花詩》等。其中，其易學代表作《皇極經世》十一卷，用多種圖式，以易理和易數推究宇宙起源，對後世易學、理學、術數均產生重要的影響。以至於魏了翁說：「邵子平生之書，其心術之精微在《皇極經世》。」邵雍通曉儒道，學貫易理，一生都致力於將天、人統一於一心，試圖將儒家的人本思想與道家的天道思想結合起來。

《漁樵問對》全文通過樵夫問、漁夫答的方式，用直白通俗易懂的方式，以釣魚爲契機，分別從「漁樵問對」「漁樵論易」「漁樵觀物」三大內容，先後講述了利害、體用、物我、名實、治亂、觀物、人天、義利、力分、易理、人物、權變、生死、君子小人，才正不正、擇用、善惡等一系列問題，深入探討了自然、社會、人生等多個層面的問題。文中即提出了對宇宙自然等問題的探討，通過漁夫與樵夫的對話，闡述了宇宙萬物產生的根源與規律。借由天地、陰陽等概念，解釋了宇宙間萬物的生成與變化，展現了其獨特的宇宙觀和自然觀。這種觀念強調了宇宙間萬物的相互依存和變化不息，體現了中國古代哲學中的「天人合一」思想。在探討社會問題時，通過君子與小人的對比，揭示了社會道德風尚的重要性。認爲社會的治亂興衰取決於人們的道德水準和道德風尚。當社會君子佔據主導地位時，社會就會呈現治世的局面；而當小人佔據主導地位時，社會就會陷入亂世的困境。這一觀點強調了道德在社會治理中的核心作用，體現了中國古代哲學中的道德治國思想。等等。通過自然和人類的相互關係爲線索，文章揭示了道德和領導力在社會變遷中的關鍵作用，並強調了追求正義、善良和利他的重要性。同時，邵雍在這部作品中展現了自己獨特的宇宙觀、自然觀、社會觀、人生觀和道德倫理觀，體現了中國古代哲學的精髓和特色。整篇文章充滿了哲學思考和道德啓示，對於理解人類社會和個人成長具有重要意義。

目 錄

利害

漁者[1]垂釣於伊水之上。樵者過之，弛擔息肩[2]，坐於磐石[3]之上，而問於漁者，曰：「魚可鈎取[4]乎?」

曰：「然。」

曰：「鈎非餌[5]可乎?」

曰：「否。」

曰：「非鈎也，餌也。魚利食而見[6]害，人利魚而蒙利，其利同也，其害異也。敢問[7]何故?」

漁者曰：「子樵者也，與吾異治[8]，安得侵吾事乎?然亦可以爲子試言之。彼之利，猶此之利也；彼之害，亦猶此之害也。子知其小，未知其大。魚之利食，吾亦利乎食也；魚之害食，吾亦害乎食也。子知魚終日得食爲利，又安知魚終日不得食不爲害？如是，則食之害也重，而鈎之害也輕。子知吾終日得魚爲利，又安知吾終日不得魚不爲害也？如是，則吾之害也重，魚之害也輕。以魚之一身，當人之一食，則魚之害多矣；以人之一身，當魚之一食，則人之害亦多矣。又安知釣乎大江大海，則無易地⑨之患焉？魚利乎水，人利乎陸，水與陸異，其利一也；魚害乎餌，人害乎財，餌與財異，其害一也。又何必分乎彼此哉！子之言，體⑩也。獨不知用爾。」

【注釋】

①漁者：與下文「樵者」，組成中國古代經典中常見的一對重要哲學語素，它們集中體現了中國古

代哲人天人合一、格物致知的獨特哲學理念。

②弛擔：放下擔子。息肩：讓肩膀得到休息。

③磐(pán)石：大而平的石頭，常用來作為休息的地方。

④鈎取：用鈎子捕捉。

⑤餌：指釣魚用的魚食。

⑥見：表示被動，相當於「被」。

⑦敢問：謙辭。表示向對方提出問題時，帶有自謙和尊敬的姿態。

⑧治：從事。

⑨易地：互換所處的地方。本文則指陸地和水裏發生改變。

⑩體：與下文的「用」，組成中國古代哲學的一對重要範疇。體，指最根本的、內在的、本質的等。用，是「體」的外在表現、表象。

【譯文】

漁夫在伊水邊上垂釣。一個樵夫路過，放下擔子休息，坐在一塊大石頭上休息，有問題向漁夫請教，於是問道：「魚可以用鈎子釣上來嗎？」

漁夫回答：「可以。」

樵夫又問：「那釣魚不用魚餌可以嗎？」

漁夫回答：「不可以。」

樵夫問道：「看來，釣到魚不是魚鈎在起作用，而是魚餌在起作用。可見，魚因為吃食而被害，人因為想吃魚而受益。兩者共同訴求是相同的，但受害的方面卻不同。請問這是什麼原因？」

漁夫回答：「你是個樵夫，和我從事不同職業，怎麼能插手我的事呢？不過，我還是可以試著給你解釋一下。魚受的利，就像我受的利；魚受的害，也像我受的害。你只知其小，不知其大。魚為了食物而受利，我也是為了食物而受利。魚為了食物而受害，我也是為了食物而受害。你只知道魚終日得到食物是利，但你又怎麼知道魚每天得不到食物不是害呢？這樣看來，食物對魚的害處太重了，而魚鈎的害處相對較輕了。你只知道我每天能釣到魚是利，但你又怎麼知道我每天釣不到魚不是害呢？這樣看來，我受到的害更重，魚受到的害更輕。從魚的角度來說，用魚的一身，來作為人的一次食物，那麼魚受到的害就多了；從人的角度來說，用人的一身，來作為魚的一次食物，那麼人受到的害也多了。你又怎麼知道在大江大海裏釣魚，就沒有失足落水的危險呢？魚在水中得到利，人在陸地上得到利，水和陸地不同，但雙方受利則是一樣的；魚因為魚餌受害，人因為財物受害，魚餌與財物不同，但雙方受害卻是一樣的。所以，又何必分彼此呢！你所説的，只是事物的『體』，唯獨不知道事物的『用』而已。」

【解讀】

這是邵雍《漁樵問對》中的第一部分。《漁樵問對》又名《漁樵問答》。這段文段是漁夫和樵夫通過魚餌和魚鈎的探討，進而引出關於「利害」層面的討論，呈現了一個富有哲學意味的對話。樵夫作為一個旁觀者，對漁夫釣魚的行為提出了深入的疑問，漁夫對此解答其疑惑，進而探討了人類行為和自然規律之間的關係。

樵夫首先詢問是否可以用沒有魚餌的鈎子釣到魚。這實際上是一個關於手段與目的的哲學探討。魚餌在此處是一個引誘物，代表了一種手段或工具，而魚鈎則代表最終的目的。

其次，對話中對於利益與害處的討論，展示

了事物發展的雙重性。利益與害處往往是相伴而生的，就像漁者利用魚餌釣魚一樣，魚餌既是吸引魚的利益，也是導致魚被釣上的害處。同樣地，在人類的日常生活中，我們追求的各種利益也往往伴隨著潛在的害處。這種雙重性要求我們具備辯證的思維方式，既要看到利益的吸引力，也要意識到潛在的害處，並在實踐中尋找平衡和調和。

再次，漁者與樵者的對話也反映了理論與實踐的關係。樵者提出了關於釣魚的利與害的問題，而漁者則通過自身的實踐經驗給出了回答。這告訴我們，理論知識雖然重要，但真正的智慧來自於實踐。只有通過實踐，我們才能更深入地理解事物的本質和規律，將理論知識轉化為實際行動，並在實踐中不斷修正和完善自己的認識。

最後，這段對話還體現了對「體」與「用」的深刻思考。漁者指出，樵者雖然理解了一些基本的道理（體），但在實際應用中（用）可能還存在不足。這提醒我們，在追求知識和理解的同時，也要注重將知識轉化為實際行動，實現知識與行動的統一。只有這樣，我們才能真正地掌握和運用知識，將其轉化為推動個人和社會發展的力量。

綜上所述，這段對話通過漁者與樵者的交流，深入探討了人與自然、利益與害處、理論與實踐等重要哲學問題。它引導我們思考如何更好地利用自然資源、實現人與自然的和諧共生；如何辯證地看待利益與害處、在實踐中尋找平衡和調和；以及如何將理論知識轉化為實際行動、實現知識與行動的統一。這些思考不僅對我們個人的成長和發展具有重要意義，也對推動人類社會的進步和發展具有深遠的影響。

體用

樵者又問曰：「魚可生食乎?」

曰：「烹之可也。」

曰：「必吾薪濟[①]子之魚乎?」

曰：「然。」

曰：「吾知有用乎子矣。」

曰：「然則子知子之薪，能濟吾之魚，不知子之薪所以能濟吾之魚也。薪之能濟魚久矣，不待子而後知。苟世未知火之能用薪，則子之薪雖積丘山[②]，獨且奈何哉?」

樵者曰：「願聞其方[③]。」

曰：「火生於動，水生於靜。動靜[4]之相生，水火之相息[5]。水火，用也；草木，體也。用生於利，體生於害。利害見乎情，體用隱乎性。一性一情，聖人能成。子之薪猶吾之魚，微火則皆爲腐臭朽壞，而無所用矣，又安能養人七尺之軀哉?」

樵者曰：「火之功大於薪，固已知之矣。敢問善灼物，何必待薪而後傳?」

漁者曰：「薪，火之體也。火，薪之用也。火無體，待薪然後爲體；薪無用，待火然後爲用。是故凡有體之物，皆可焚之矣。」

曰：「水有體乎?」

曰：「然。」

曰：「火能焚水乎?」

曰：「火之性，能迎而不能隨[6]，故滅。水之體，能隨而不能迎，故熱。是故有溫泉而無寒火，相息之謂也。」

曰：「火之道生於用，亦有體乎？」

曰：「火以用爲本⑦，以體爲末，故動；水以體爲本，以用爲末，故靜。是火亦有體，水亦有用也。故能相濟，又能相息。非獨水火則然⑧，天下之事皆然，在乎用之何如爾！」

樵者曰：「用可得聞乎？」

曰：「可以意得者，物之性也；可以言傳者，物之情也；可以象⑨求者，物之形也；可以數取者，物之體也。用也者，妙萬物爲言者也，可以意得，而不可以言傳。」

曰：「不可以言傳，則子惡得而知之乎？」

曰：「吾所以得而知之者，固不能言傳。非獨吾不能傳之以言，聖人亦不能傳之以言也。」

曰：「聖人既不能傳之以言，則六經⑩非言也耶？」

曰：「時然後言，何言之有？」

樵者贊曰：「天地之道備於人，萬物之道備於身，衆妙之道備於神，天下之能事畢矣，又何思何慮！吾而今而後，知事心踐形之爲大。不及子之門，則幾至於殆⑪矣！」

乃析薪⑫烹魚而食之，飫⑬而論《易》。

【注釋】

①濟：幫助。

②丘山：比喻大或多。

③方：道理，規律。

④動靜：指關於宇宙萬物狀態及其變化的哲學範疇。動與靜是一組對立統一的概念。春秋時期老子最先將動、靜作為一種哲學範疇。主靜，是中國古代人生哲學的基本傾向，認為「人生而靜，天之性也」。

⑤相息：相互依存。

⑥迎：面對面，直接面對。隨：避開面對面，順其性而合。

⑦本：與下文「末」，組成中國古代哲學的一對範疇。「本」是指宇宙本源或本體，「末」是指天地萬物。

⑧然：通燃。燃燒，引火點著。

⑨象：與下文「數」組成中國古代哲學重要的思想觀念。象數為易學術語，《易》組成要素。

⑩六經：指六部儒家經典，即《詩》《書》《禮》《易》《樂》《春秋》。

⑪殆(dài)：危險。

⑫析薪：劈開薪柴。

⑬飫(yù)：吃飽，飽食。

【譯文】

樵夫又問漁夫：「魚可以生吃嗎？」

漁夫回答：「烹飪之後就可以吃。」

樵夫問道：「一定要用我的薪柴來烹飪你的魚嗎？」

漁夫回答：「是的。」

樵夫說：「我知道我的薪柴對你有用了。」

漁夫說：「那麼你知道你的薪柴，能幫助我烹飪魚，但你不知道為什麼你的薪柴能幫助我烹飪魚。薪柴能幫助烹飪魚的方法已經很久了，不是到你這裏才知道的。如果世界上的人還不知道火可以用薪柴來點燃，那麼即使你的薪柴堆積如山，又有什麼用呢？」

樵夫說：「我願意聽聽你講解其中的道理。」

漁夫說：「火是在動之中產生，水是在靜之中產生。動靜、水火，這兩者相生相息。水和火，是事物的用；草木，是事物的體。用是在利之處產生，體是在害之處產生。利與害能在情上顯現，體與用則在性中隱藏。一性一情，只有聖人能夠理解其中奧秘。你的薪柴和我的魚，沒有火的作用的話，就都會變得腐臭朽壞，而沒有什麼用處，又怎麼能滋養人的七尺之軀呢？」

樵夫問道：「火的功用大於薪柴，這我已經知道了。但請問容易燃燒的物體，為什麼一定要等到有薪柴才能傳遞火焰呢？」

漁夫回答：「薪柴，是火的體；火，是薪柴的用。火本來沒有體，需要依賴薪柴才能成為體；薪柴本來沒有用，需要依賴火才能發揮作用。所以，凡是有體的物體，都可以被火焚燒。」

樵夫問道：「那麼，水有體嗎？」

漁夫回答：「有的。」

樵夫又問：「火能焚燒水嗎？」

漁夫回答：「火的性質是迎向物體而燃燒，

不能跟隨物體而燃燒，所以會被水熄滅。水的性質是能跟隨物體而流動，不能迎向物體而燃燒，所以會被火加熱。這就是為什麼有溫泉而沒有寒火的原因，這就是相息的表現。」

樵夫問道：「火的功能是從用而生的，那麼它也有體嗎？」

漁夫回答：「火以用為根本，以體為次要，所以它是動的；水以體為根本，以用為次要，所以它是靜的。因此，火也有體，水也有用。它們能夠相互幫助，又能相生相息。不僅僅是水火如此，天下的事情都是如此，關鍵在於如何運用它們。」

樵夫問道：「那麼『用』的道理可以講解給我聽聽嗎？」

漁夫回答：「可以用心去體會的，是事物的本性；可以用言語來傳達的，是事物的外在；可以用外在得到的，是事物的形狀；可以用推求得到的，是事物的本質。『用』這個概念，它是精妙地描述萬物的，可以通過心領神會來把握，卻不能用言語來精確傳達。」

樵夫問道：「既然不能用言語來傳達，那麼你又是怎麼知道這些道理的呢？」

漁夫回答：「我得以知道這些道理的方式，確實不能通過言語來理解事物。不僅我一人無法言傳，即使聖人也無法將這些道理言傳。」

樵夫問道：「既然聖人也無法言傳，那麼六經豈不是言傳的產物嗎？」

漁夫問道：「時機到了然後可以言傳，哪里有什麼人在用語言傳達？」

樵夫讚歎道：「天地間的道理完備於人的內心，萬物的道理完備於人的身體，眾多的玄妙之道完備於人的精神，天下所有的能力和智慧都已經齊備了，還有什麼可思可慮的呢！我從現在開始，我明白用心去感知、用形去實踐是多麼重要。如果我沒有來到這裏和你交談，瞭解事物本質，幾乎就要陷入危險的境地了。」

於是，樵夫劈開薪柴，烹煮了魚來吃，吃飽之後，兩人開始談論《易經》。

【解讀】

這段文段主要是樵夫和漁夫之間關於火、水、體、用等概念的深入討論，以及樵夫對天地、萬物、衆妙之道的領悟。

樵夫首先詢問魚是否可以生食，漁夫回答需要烹煮。當樵夫提到是否要用他的柴薪來烤魚時，漁夫表示同意。這裏，魚與薪形成了一種實用關係，即薪是用來烤魚的工具或媒介。

樵夫進一步提問，引出了體與用的哲學概

念。這裏承接上一段末尾來展開的。漁夫解釋說，火生於動，水生於靜，動靜相生，水火相息。火與薪的關係，就是體與用的關係。火是用，即功能或作用；薪是體，即物質基礎或形態。這種體與用的關係，反映了事物之間的相互依存和轉化。

漁夫進一步闡述了火與水的特性。火能迎而不能隨，故能滅；水能隨而不能迎，故能熱。這是因為火以用為本，以體為末，故動；水以體為本，以用為末，故靜。這種對火與水的解釋，揭示了它們各自獨特的性質和功能。

漁夫指出，體與用的關係不僅存在於火與水之間，還普遍存在於天下萬事萬物之中。這意味著，任何事物都有其體和用兩個方面，它們相互依存、相互轉化。

當樵夫詢問如何理解用時，漁夫指出，有些

東西可以通過語言傳達（情），有些東西可以通過形象描繪（形），有些東西可以通過數量描述（體），但有些東西則只能意會而不能言傳（性）。這是因為，言傳只能傳達事物的表面現象，而意會則能洞察事物的本質。

樵夫進一步提問，既然聖人不能通過語言傳達道，那麼六經是否也不是語言呢？漁夫回答說，時然後言，即只有在適當的時候才能用言語表達。知識可以通過言傳、象求和數取來獲得，但真正的智慧則需要個體通過內心的體驗和領悟來把握。這種智慧超越了言語的界限，是對事物本質和規律的深刻理解和洞察。這表明，聖人和六經雖然使用了語言，但他們的真正意圖並非僅僅通過語言來傳達。

樵夫最後領悟到，天地之道備於人，萬物之道備於身，眾妙之道備於神。這意味著，人可以通過自身的修煉和領悟，來體悟天地、萬物、衆妙之道。這種領悟使人能夠洞悉事物的本質和規律，從而達到一種超越的境界。

最後，樵夫通過析薪烹魚這一實際行動，將之前的討論付諸實踐。這既是對之前討論的驗證，也是對天地、萬物、衆妙之道的實際應用。在飽食之後，他們開始討論《易》，進一步探討天地萬物之道。

綜上所述，這段文段通過樵夫與漁夫之間的對話，以其豐富的哲學內涵和深刻的思想啟示，深入探討了體與用、火與水、言傳與意會等哲學概念，以及天地、萬物、衆妙之道。這些討論不僅展示了中國古代哲學的智慧，也為我們提供了一種理解世界和人生的新視角，引導我們思考人與自然、知識與智慧等重要問題，為我們提供了寶貴的智慧財富。

物 我

漁者與樵者遊於伊水之上。漁者歎曰：「熙熙[1]乎萬物之多，而未始有雜。吾知遊乎天地之間，萬物皆可以無心而致之矣。非子則孰與歸[2]焉！」

樵者曰：「敢問無心致天地萬物之方？」

漁者曰：「無心者，無意之謂也。無意之意，不我物也。不我物，然後能物物。」

曰：「何謂我，何謂物？」

曰：「以我徇[3]物，則我亦物也；以物徇我，則物亦我也。我物皆致，意由是明。天地亦萬物也，何天地之有焉！萬物亦天地也，何萬物之有焉！萬物亦我也，何萬物之有焉！我亦萬物也，何我之有焉！何物不我，何我不物！如是則可以宰天地，可以司⑤鬼神。而況於人乎？況於物乎？」

【注釋】

①熙熙：熱鬧的樣子。

②孰：誰，哪個人或哪些人。歸：歸依，歸屬。

③徇(xùn)：順從，曲從。

④宰：主管，主持，掌管。

⑤司：職掌，主管。

【譯文】

漁夫和樵夫兩人一起在伊水邊遊玩。漁夫感歎說：「世界萬物如此繁多，但從未有過雜亂。

我知道在天地之間遊走，萬物都可以無心來瞭解。如果不是你，我將和誰一起談經論道呢！」

樵夫問道：「請問以無心來瞭解天地萬物的境界的方法是什麼？」

漁夫回答：「無心，就是無意。無意的意思，就是不分開我與物。不分開我與物，然後才能真正物物相通。」

樵夫問道：「那麼，什麼是我？什麼是物？」

漁夫回答：「如果從我來觀察物，那麼我也是物；如果從物來觀察我，那麼物也是我。物我相通，那麼道理就簡單明瞭了。天地也是萬物，哪里有什麼天地之分呢！萬物也是天地，哪里有什麼萬物之分呢！萬物也是我，哪里有什麼萬物之分呢！我也是萬物，哪里有什麼我之分呢！哪一樣物不是我，我不是哪一樣物呢！如果能夠這樣，就可以主宰天地，可以主管鬼神。更何況人呢？更何況物呢？」

【解讀】

這段文段以漁夫和樵夫在伊水之上的遊玩為背景，通過他們的對話探討了「無心」的境界以及對於萬物和自我關係的理解。

漁夫首先表達了對萬物繁多的讚歎，並指出儘管萬物眾多，但它們並沒有因此變得雜亂無章。認為「熙熙乎萬物之多，而未始有雜」，這表達了一種對宇宙多樣性的欣賞，同時也指出了這種多樣性中的統一性。他認為，在天地之間遊走時，如果能夠達到無心的境界，那麼就可以自然而然地把握萬物。這裏的「無心」意味著沒有執著、沒有成見，以開放和接納的心態去對待一切，可以自然地與天地萬物融為一體。

樵夫詢問如何達到這種無心的境界，漁夫進

一步解釋了「我」與「物」的關係。他認為，如果「我」追隨「物」，那麼「我」也就成為了「物」的一部分；反之，如果「物」追隨「我」，那麼「物」也就成為了「我」的一部分。這種相互依存、相互滲透的關係表明，「我」與「物」之間沒有絕對的界限，它們是相互包含的。當個體能夠以超越個人的視角去理解和接納萬物時，就能夠將萬物納入自己的主體性之中，才能實現「我物皆致」的境界。

漁夫進一步闡述了天地、萬物與「我」之間的關係。他認為，天地也是萬物的一部分，萬物也是天地的一部分，而「我」也是萬物的一部分。這種一體性的觀念打破了傳統的界限和區分，將一切都納入了一個相互關聯、相互依存的系統中。換言之，在這種宇宙統一性的觀念下，個體與宇宙之間不再有界限，個體可以自由地與宇宙相融合，實現真正的自我實現和超越。

最後，漁夫提出了一個更為深遠的觀點：如果能夠達到這種無心的境界，就可以主宰天地、管理鬼神。這裏的「主宰」和「管理」並不是指對天地和鬼神的控制或統治，而是指以一種更為高遠和超脫的心態來理解和對待它們。這種境界超越了常人的認知和想像，體現了古人對於宇宙和人生奧秘的深刻洞見。

整體而言，這段文段以漁夫和樵夫的對話為載體，探討了「無心」的境界以及對於「我」與「物」、天地、萬物之間的關係的理解。它表達了一種超越常規、追求高遠境界的人生態度和價值觀，也要關注宇宙的整體與和諧統一，以超越個人的視角去理解和接納萬物，實現真正的自我實現和超越。

名實

樵者問漁者曰:「天何依?」

曰:「依乎地。」

曰:「地何附?」

曰:「附乎天。」

曰:「然則天地何依何附?」

曰:「自相依附。天依形,地附氣。其形也有涯,其氣也無涯[1]。有無之相生,形氣之相息。終則有始,終始之間,其天地之所存乎?天以用爲本,以體爲末;地以體爲本,以用爲末。利用出入之謂神,名體有無之謂聖。唯神與聖，能參乎天地者也。小人則日用[2]而不知，故有害生實喪之患也。夫名[3]也者，實之客也；利也者，害之主也。名生於不足，利喪於有餘。害生於有餘，實喪於不足。此理之常也。養身者必以利，貪夫則以身徇[4]利，故有害生焉。立身必以名，衆人則以身徇名，故有實喪焉。竊人之財謂之盜。其始取之也，唯恐其不多也。及其敗露也，唯恐其多矣。夫賄之與贓，一物也而兩名者，利與害故也。竊人之美謂之徼。其始取之也，唯恐其不多也。及其敗露也，唯恐其多矣。夫譽與毀[5]，一事也而兩名者，名與實故也。凡言朝者，萃名之所也；市者，聚利之地也。能不以爭處乎其間，雖一日九遷[6]，一貨十倍，何害生實喪之有耶?是知爭也者，取利之端也；讓也者，趨名之本也。利至則害生，名興則實喪。利至名興，而無害生實喪之患，唯有德者能之。天依地，地附天，豈相遠哉！」

【注釋】

①涯：邊際，極限。

②日用：指每天應用；日常應用。

③名：與下文「實」，組成中國古代哲學的一對範疇。名指名詞、概念，實指實際存在的事物。

④徇：通殉(xùn)，即獻身或喪生。

⑤譽：贊譽，稱贊。毀：毀損，誹謗。

⑥一日九遷：形容升遷極快。遷，調動，變動。語見西漢焦延壽《易林》。

【譯文】

樵夫問漁夫說：「天依靠什麼？」

漁夫回答：「天依靠地。」

樵夫又問：「地又附著於什麼？」

漁夫回答：「地附著於天。」

樵夫問道：「那麼天地是互相依靠、互相附著的嗎？」

漁夫回答：「它們相互依靠。天依靠形，地附著於氣。形是有限的，而氣則是無限的。有與無相互生成，形與氣相互依存。終結之後又有開始，終始之間，就是天地所存在的地方嗎？天以用為本，以體為末；地以體為本，以用為末。利用的出入變化稱為神，名體的有無變化稱為聖。只有神與聖，才能領悟天地之間的奧秘。而普通人每天都在使用它們卻不明白其中的道理，因此會有產生禍害和喪失實際的危險。名，是實的外在體現；利，是害的根本所在。名產生於不足，利因過度而喪失。害因過度而產生，實因不足而喪失。這些都是常理。人生活於世一定要依靠利，但貪婪的人卻會為利而喪生，因此會有害產生。立身於世一定要依靠名，但普通人卻會為名而喪生，因此實際喪失了實。偷別人的財物叫做盜。開始偷竊時，唯恐偷得不多；等到事情敗露時，又唯恐偷得太多。財物與贓物，其實是同一樣東西，（因為獲取的情況不一樣）卻有兩個名稱，是因為有利與害的區別。竊取別人的美名叫做僥。開始竊取時，唯恐竊取得不多；等到事情敗露時，又唯恐竊取得太多。美譽與惡名，其實是同一件事，（因為獲取的情況不一樣）卻有兩個名稱，是因為有名與實的區別。但凡提及朝，都說是聚集名聲的地方；提及市，都說是聚集利益的地方。如果不能以不爭之心處在其中，那麼即使一天之內多次升遷，一次交易獲得十倍利潤，又怎麼能有害生其中失去本真呢？由此可知，爭是求利的開端，讓是求名的根本。利一到，害就跟著產生；名一興，實就跟著喪失。利來名興，卻沒有產生禍害和喪失本真的危險，只有厚德之人才能做到這一點。天依靠地，地附著於天，難道它們相距很遠嗎？」

【解讀】

這段文段以樵夫與漁夫的對話形式，探討了天、地、形、氣、名、利、神、聖等哲學概念的關係，以及它們與人的日常生活和行為的影響。

漁夫指出，天依靠地，地附著於天。這種相互依賴、相互依存的關係表達了古人對於宇宙間萬物相互關聯、相互影響的認識，同時也揭示了宇宙間萬物相互依存、相互作用的本質。天地雖然各自有獨特的屬性，但它們之間並不是孤立的，而是相互滲透、相互作用的。這種思想反映了哲學上對於宇宙間萬物關係的整體觀和相互聯繫觀。

漁夫進一步提到，天依形，地附氣。形指的是有形的物質世界，而氣則指的是無形的精神或能量。這種形與氣的關係，反映了古人對於物質與精神、有形與無形之間的區分和理解。

文段中，漁夫對名與利進行了深入的剖析。名是指名譽、聲望，利則是指物質利益。他認為，名是實的客人，利是害的主人。人們常常為了追求名利而喪失真實的自我，從而陷入有害的境地。這種對於名利的批判，體現了古人對於道德、修養和人生價值的重視。

文段中提到，只有神與聖才能參乎天地。神指的是應用出入的變化，聖指的是名與實的變化。這種神與聖的境界，代表了古人對於超越常人、達到更高層次的人生追求和理想狀態。

文段最後強調了道德的重要性。漁夫認為，只有有德的人才能夠避免有害產生和實喪的危險。這體現了古人對於道德、修養和人生智慧的重視，認為只有具備高尚品德和深刻智慧的人，才能真正理解宇宙和人生的真諦，從而過上充實、有意義的生活。

漁者還通過朝市之喻，說明了在名利場中保持不爭、不貪的重要性。他指出，能夠不以爭處乎其間，即使一日九遷、一貨十倍，也不會有害生實喪之患。這說明了在名利場中保持淡泊、不爭的態度，是避免患害的關鍵。

綜上所述，這段文段以天地、形氣、名利、神聖等哲學概念為線索，探討了宇宙、人生和道德等多個層面的問題。它表達了古人對於宇宙萬物的相互關聯、相互作用的認識，以及對於道德、修養和人生價值的重視。同時，它也提醒我們，在追求名利的過程中，不要忘記保持內心的平和與真實，追求更高層次的人生境界。

治亂

漁者謂樵者曰：「天下將治[①]，則人必尚行也；天下將亂，則人必尚言也。尚行，則篤實[②]之風行焉；尚言，則詭譎[③]之風行焉。天下將治，則人必尚義也；天下將亂，則人必尚利也。尚義，則謙讓之風行焉。尚利，則攘奪[④]之風行焉。三王[⑤]，尚行者也；五霸[⑥]，尚言者也。尚行者，必入於義[⑦]也；尚言者，必入於利也。義利之相去，一何如是之遠耶?是知言之於口，不若行之於身。行之於身，不若盡之於心。言之於口，人得而聞之；行之於身，人得而見之；盡之於心，神得而知之。人之聰明猶不可欺，況神之聰明乎?是知無愧於口，不若無愧於身；無愧於身，不若無愧於心。無口過易，無身過難；無身過易，無心過難。既無心過，何難之有!吁!安得無心過之人，與之語心哉!」

【注釋】

①治：與下文「亂」，構成古代的歷史周期。治，安定。亂，動亂。

②篤實：忠厚老實。

③詭譎(guǐ jué)：狡猾。

④攘奪：掠奪；奪取。

⑤三王：指夏、商、周三代之君。具體一說為夏禹、商湯、周武王。一說夏禹、商湯、周文王。

⑥五霸：是指春秋時期最強大的五個諸侯國的領袖，一般認為是齊桓公小白、晉文公重耳、秦穆

公任好、宋襄公茲甫和楚莊王熊旅。又一說為齊桓公小白、晉文公重耳、楚莊王熊旅、吳王闔閭、越王句踐。

⑦義：與下文「利」組成儒家倫理範疇的一個重要概念。源出《論語》：「君子喻於義，小人喻於利。」義利之間的問題，即道德與利益的關係問題，是道德哲學的基本問題。如何認識和處理義利，產生的爭論即義利之辨長達二千多年之久。

【譯文】

漁夫對樵夫說：「當天下將要太平的時候，人們一定會崇尚品行；當天下將要混亂的時候，人們一定會崇尚言論。崇尚品行，那麼樸實厚道之風就會流行；崇尚言論，那麼詭詐虛偽之風就會流行。當天下將要太平的時候，人們一定會崇尚正義；當天下將要混亂的時候，人們一定會崇尚利益。崇尚正義，那麼謙讓之風就會流行；崇尚利益，那麼爭奪之風就會流行。古代三王，是崇尚行動的人；春秋五霸，是崇尚言論的人。崇尚品行的人，他的做法一定合於正義；崇尚言論的人，他的做法一定合於利益。義與利之間，相差多麼遙遠啊！由此可知，言語出在口頭上，不如身體力行在實際行動上；身體力行在實際行動上，不如盡心盡力在心裏。言語出在口頭上，別人能夠聽得到；身體力行在實際行動上，別人能夠看得到；盡心盡力在心裏，神明能夠瞭解得到。人的聰明還不足以欺騙，何況神明的聰明呢？由此可知，在口頭上沒有過失，不如在實際行動上沒有過失；在實際行動上沒有過失，不如在心裏沒有過失。沒有口頭上的過失比較容易，沒有實際行動上的過失比較困難；沒有實際行動上的過失比較容易，沒有心裏的過失比較困難。

既然在心裏沒有過失，那麼還有什麼困難呢！唉！怎樣才能找到在心裏沒有過失的人呢？我希望和他談談心。」

【解讀】

這段文段探討了言行、義利、以及個人品德與社會治亂之間的深層聯繫，體現了中國古代哲學的核心思想，尤其是關於道德、行為與社會治理之間的關係。

漁夫強調了「行」與「言」的區別，並認為「行」比「言」更能體現一個人的真實品德，而且認為社會的治亂與人們的言行有著密切的關係。在太平時期，人們注重行為品德，崇尚務實精神，形成了樸實厚道的社會風氣。而在混亂時期，人們則更加注重言語，崇尚空談，導致詭詐虛偽的風氣盛行。這種觀察揭示了言行對於社會風氣的塑造作用。

漁夫進一步討論，崇尚正義與崇尚利益是兩種不同的價值取向。崇尚正義的人，其思想合於道義，傾向於謙讓和公平；而崇尚利益的人，其思想則傾向於爭奪和自私。這種對比揭示了義利之間的對立關係，強調了道義與利益之間的根本區別，以及它們對人們行為的影響。

漁夫通過引用歷史上的例子，即夏、商、周三代的聖王（三王）和春秋五霸，來進一步說明尚行與尚言、尚義與尚利之間的不同影響。通過歷史人物的對比，文段進一步強調了實際行動和道德原則的重要性。這一對比增強了文段的說服力。

漁夫提出了「無愧於心」的觀點，強調了內心真誠的重要性。認為，言行之舉，如果僅僅是出於口頭的表達或表面的行為，而沒有內心的真誠和堅持，那麼這種言行就是虛假的。真正的品德和行為應該源於內心的真誠和堅持，只有這樣才能做到無愧於心。同時，他也指出，人的聰明不足以欺騙神明，暗示了人們應該真誠地面對自己的內心。

漁夫認為，無口頭過失相對容易，無實際行動過失較為困難，而無思想過失則是最難的。這表明了從言語到行動再到思想，難度逐漸增大。但他也鼓勵人們努力追求無思想過失的境界，認為只要達到這一境界，就能克服任何困難和障礙。

綜上所述，這段文段體現了中國古代哲學中「知行合一」「義利之辨」以及「誠」的思想。通過深入剖析言行與道義、利益之間的關係，以及它們對社會風氣和人們行為的影響，強調了實際行動和思想層面的重要性。同時，它也提醒我們要真誠地面對自己的內心，努力追求高尚品質和無過之境。

觀物

漁者謂樵者曰：「子知觀天地萬物之道乎?」

樵者曰：「未也。願聞其方。」

漁者曰：「夫所以謂之觀物者，非以目觀之也；非觀之以目，而觀之以心也；非觀之以心，而觀之以理也。天下之物，莫不有理焉，莫不有性焉，莫不有命焉。所以謂之理者，窮[1]之而後可知也；所以謂之性者，盡之而後可知也；所以謂之命者，至之而後可知也。此三知者，天下之眞知[2]也，雖聖人無以過之也。而過之者，非所以謂之聖人也。夫鑑[3]之所以能爲明者，謂其能不隱[4]萬物之形也；雖然鑑之能不隱萬物之形，未若水之能一萬物之形也；雖然水之能一萬物之形，又未若聖人之能一萬物情也。聖人之所以能一萬物之情者，謂其聖人之能反觀也。所以謂之反觀者，不以我觀物也。不以我觀物者，以物觀物之謂也。既能以物觀物，又安有我於其間哉？是知我亦人也，人亦我也，我與人皆物也。此所以能用天下之目爲己之目，其目無所不觀矣；用天下耳爲己之耳，其耳無所不聽矣；用天下之口爲己之口，其口無所不言矣；用天下之心爲己之心，其心無所不謀矣。夫天下之觀，其於見也，不亦廣乎！天下之聽，其於聞也，不亦遠乎！天下之言，其於論也，不亦高乎！天下之謀，其於樂也，不亦大乎！夫其見至廣，其聞至遠，其論至高，其樂至大，能爲至廣、至遠、至高、至大之事，而中無一爲焉，豈不謂至神至聖者乎？非唯吾謂之至神至聖者乎，而天下謂之至神至聖者乎？非唯一時之天下謂之至神至聖者乎，而千萬世之天下謂之至神至聖者乎？過此以往，未之或知⑤也已。」

【注釋】

①窮：尋根究源，推究到極點。

②真知：深刻的哲理，真理。

③鑑：鏡子。

④隱：藏匿，不顯露。

⑤「過此以往」句：語出《易·繫辭下》。

【譯文】

漁夫對樵夫說：「你知道觀察天地萬物的道理嗎？」

樵夫回答：「不知道。但是，希望能聽到你

的觀察方法。」

漁夫說：「所謂的觀察天地萬物，並不是用眼睛去看；不是用眼睛去看，而是用心去觀察；不是用心去觀察，而是要以理去洞察。天下萬物，無不有理，無不有性，無不有命。所謂的理，需要深入研究之後才能理解；所謂的性，需要徹底領悟之後才能明白；所謂的命，需要親自體驗之後才能知曉。這三種認知，是天下真正的智慧，即使是聖人也不能超越這種方法。如果超越了這三種認知，不只是世間聖人的境界了。鏡子之所以照得清楚明白，是因為它不能隱藏萬物的形態；即使鏡子不能隱藏萬物的形態，卻不如水能夠化成萬物的形態；即使水化成萬物的形態，又不如聖人能夠洞察萬物的本情。聖人之所以能夠洞察萬物的本情，是因為他們能夠反觀內心。所謂的反觀，就是不以自我為中心去觀察萬物；不以自我為中心去觀察萬物，而是以萬物的角度去觀察萬物。如果能做到以萬物的角度去觀察萬物，又怎麼能我在萬物之中起作用呢？因此知道我也是他人，他人也是我，他人與我都是物。這就是為什麼我們可以用天下之眼作為我之眼，從而無所不見；用天下之耳作為我之耳，從而無所不聽；用天下之口作為我之口，從而無所不言；用天下之心作為我之心，從而無所不謀。這種觀察天下的方式，其視野之廣，聽聞之遠，言論之高，謀劃之大，都是無可比擬的。那麼所見至廣，所聞至遠，所論至高，所樂至大，能夠做成至廣、至遠、至高、至大之事，而在其中無一不明，這難道不是至神至聖的表現嗎？不僅是我認為至神至聖，天下人也都會認為至神至聖。這樣的至神至聖，不僅是一時的天下人這樣認為，而且千世萬代的天下人都這樣認為。超過這樣又往前進行下的，未來的疑惑也就知道了。」

【解讀】

這段文段主要探討了觀察天地萬物的道理和方法，強調了以心觀物、以理洞察的重要性，以及聖人反觀內心的境界。

漁夫指出，觀察萬物並不僅僅是用眼睛去看，而是需要用心和理去洞察。這意味著觀察不僅僅是表面的、直觀的，而是需要深入思考和領悟的過程。這種觀察方法強調了內在的智慧和理性，而非僅僅依賴感官。這提示我們，在理解世界時，需要超越表面的現象，探尋其背後的道理和本質。

漁夫接著討論了「理」「性」和「命」的概念。這些概念在中國哲學中通常被用來解釋宇宙萬物存在的根據和運行的規律。他認為，通過窮盡、盡知和達到這些「理」「性」和「命」，人們可以獲得對世界的真知。這體現了中國哲學中「格物致知」的思想，即通過對事物的研究來獲取知識，理解世界。

通過鏡子和水的比喻，漁夫進一步闡述了觀察的不同層次。鏡子能夠映照出萬物的形態，但只是表面的反映；水能夠融合萬物的形態，但仍然是物質的層面；而聖人能夠洞察萬物的本情，這是精神層面的洞察。這一比喻生動地展示了從物質到精神、從表面到深入的觀察過程。

聖人之所以能夠洞察萬物的本情，是因為他們能夠反觀內心。這種反觀不是以自我為中心，而是以萬物的角度去觀察萬物。這體現了一種無我、無主觀偏見的觀察態度，是達到對事物本質理解的重要途徑。這種境界消除了自我與他人的界限，使人能夠無所不見、無所不聽、無所不言、無所不謀。這種境界體現了聖人的廣大、深遠、高尚、宏大的內心世界。

漁夫認為，能夠做到廣大、深遠、高尚、宏大的事情，而內心卻無所執著，這就是至神至聖的表現。這種境界超越了個人的局限，達到了與天地萬物合一的境界。這種境界不僅是一時的，而且是千世萬代的，是天下人都認可的。

綜上所述，這段文段強調了觀察天地萬物的正確方法和境界，即通過心與理的洞察，達到反觀內心的聖人境界。這種境界超越了感官的限制，達到了與天地萬物合一的精神高度。這種境界不僅具有哲學意義，也對個人的修養和人生境界的提升具有重要的啟示作用。

人天

樵者問漁者曰：「子以何道而得魚?」

曰：「吾以六物具[①]而得魚。」

曰：「六物具也，豈由天乎?」

曰：「具六物而得魚者，人也。具六物而所以得魚者，非人也。」

樵者未達[②]，請問其方。

漁者曰：「六物者，竿也，綸[③]也，浮也，沉也，鈎也，餌也。一不具，則魚不可得。然而六物具而不得魚者，非人也。六物具而不得魚者有焉，未有六物不具而得魚者也。是知具六物者，人也。得魚與不得魚，天也。六物不具而不得魚者，非天也，人也。」

樵者曰：「人有禱④鬼神而求福者，福可禱而求耶？求之而可得耶？敢問其所以。」

曰：「語善惡者，人也。福禍者，天也。天道福善而禍淫⑤，鬼神豈能違天乎？自作之咎⑥，固難逃已；天降之災，禳⑦之奚益？修德積善，君子常分⑧。安有餘事於其間哉！」

樵者曰：「有為善而遇禍，有為惡而獲福者，何也？」

漁者曰：「有幸與不幸也。幸不幸。命也；當不當，分也。一命一分，人其逃乎？」

曰：「何謂分？何謂命？」

曰：「小人之遇福，非分也，有命也；當禍，分也，非命也。君子之遇禍，非分也，有命也；當福，分也，非命也。」

【注釋】

①具：完備，具備。

②達：理解，明白。

③綸(lún)：釣魚用的線。

④禱(dǎo)：祈禱，祈神求福。向天、神求助、求福。

⑤淫：邪惡，奸邪。

⑥咎：過失，罪過。

⑦禳(ráng)：去除、解除。

⑧分(fèn)：本分。

【譯文】

樵夫問漁夫：「你憑藉什麼方法釣到魚呢？」

漁夫回答：「我憑藉六種漁具釣到魚。」

樵夫問道：「六種漁具都準備好了，剩下的

事情，難道依靠天意嗎？」

漁夫回答：「具備了六種漁具能釣到魚，這是人的努力。但六種漁具齊備了而能否釣到魚，就不是人能決定的了。」

樵夫沒有完全明白漁夫所說的話，請求漁夫進一步解釋。

漁夫說：「這六種漁具，就是魚竿、魚線、魚漂、魚墜、魚鈎、魚餌。如果有一樣沒准備，那麼魚不可能被釣上來。然而，即使這六種漁具都齊備了，仍然有可能釣不到魚，這就不是人的問題了。六種漁具都齊備卻釣不到魚的情況會有，卻沒有六種漁具都不齊備卻能釣到魚的。因此準備六種漁具，是人的問題；而能否釣到魚，就是天意了。如果連六種漁具都不具備而釣不到魚，不是天意，而是人的問題。」

樵夫又問：「有人通過向鬼神祈禱而求福

的，福可以通過祈禱而求到嗎？求福是可以實現嗎？請問其中的道理。」

漁夫回答：「談論善惡的，是人；降臨福禍的，是天意。天道是行善的得福、作惡的受禍的，鬼神豈能違背天道？如果是自己造下的罪孽，當然難以逃避；如果是上天降的災禍，祈禱又有什麼用呢？修德積善，是君子應該常做的本分，哪里還有多餘的事情呢？」

樵夫問道：「有人行善卻遭遇災禍，有人作惡卻得到福報，這是為什麼呢？」

漁夫回答：「這是有幸與不幸的區別。幸與不幸，是命中註定的；遇到與不遇到，是分內應得的。一個人一生的命運和福分，哪里能夠逃避得掉呢？」

樵夫問道：「什麼叫分？什麼叫命？」

漁夫回答：「小人遇到福報，不是本分內應

得的，而是命中偶然得到的；遇到災禍，卻是本分內應得的，不是命中註定的。君子遇到災禍，不是本分內應得的，而是命中註定的；遇到福報，卻是本分內應得的，不是命中偶然得到的。」

【解讀】

這段文段探討了人與天、命、分、善惡以及命運的關係，展現了古代中國哲學中關於這些主題的深刻思考。

漁者通過「六物具而得魚」的例子，說明了人在追求目標時（如得魚），必須具備一定的條件或工具（如竿、綸等），這體現了人類活動的主動性和對客觀條件的依賴。然而，即使具備了所有條件，最終能否成功（得魚）仍然受到不可控的外部因素（天）的影響。這啟示我們，在追求目標時，既要注重自身條件的準備，也要認識到自然法則和命運的力量。

接著討論了人類對於命運和福禍的認知。漁者指出，善惡是人的選擇，而福禍則是天的安排。這一觀點揭示了人的道德行為與其命運之間的關係，強調了道德在人生中的重要性。同時，漁者也提到了「修德積善」是君子應該做的事情，這體現了儒家思想中對於道德修養和行為的重視。

隨後，樵者提出了關於善惡與福禍不匹配的疑問，即為什麼有些人做善事卻遭遇不幸，而有些人做惡事卻獲得福報。漁者用「幸與不幸」和「命與分」來解釋這種現象。他認為，人的命運和福禍是由「命」和「分」共同決定的，「命」是命中註定的部分，而「分」則是人應得的部分。小人和君子在面臨福禍時，其「命」與「分」的分配是不同的。這一觀點強調了命運的不確定性和人在其中的有限性，同時也暗示了人應該順應天命，做好自己的本分。

這段文段還反映了中國古代哲學中的「天人合一」思想。它強調人與自然的和諧統一，認為人的命運與自然法則密切相關。通過漁者與樵者的對話，我們可以看到古代哲人對於人與自然、人與社會、人與自我之間關係的深刻思考。

綜上所述，漁者與樵者的對話，展現了古代中國哲學中關於人與天、命、分、善惡以及命運等問題的思考。還體現了中國古代哲學中的「天人合一」思想。它啟示我們，在追求目標時既要注重自身條件的準備，也要順應自然規律；在面對命運時既要認識到其不可控性，也要努力做好自己的本分；同時，要注重道德修養和行為，以實現人與自然的和諧統一。

義利

漁者謂樵者曰：「人之所謂親，莫如父子也；人之所謂疏，莫如路人也。利害在心，則父子過路人遠矣。父子之道，天性也。利害猶或奪之，況非天性者乎？夫利害之移人，如是之深也，可不慎乎？路人之相逢則過之，固無相害之心焉，無利害在前故也。有利害在前，則路人與父子又奚擇焉？路人之能相交以義，又何況父子之親乎！夫義者，讓之本也；利者；爭之端[1]也。讓則有仁，爭則有害。仁與害，何相去之遠也！堯、舜[2]亦人也，桀、紂[3]亦人也，人與人同，而仁與害異爾。仁因義而起，害因利而生。利不以義，則臣弑④其君者有焉，子弑其父者有焉。豈若路人之相逢，一目而交袂於中逵⑤者哉！」

【注釋】

①端：開頭。

②堯、舜：都是上古的賢明君主。堯，姓伊祁，號放勳，「五帝」之一。堯為帝嚳之子，母為陳鋒氏。後來禪讓於舜。舜，姚姓，嬀氏，名重華，字都君，「五帝」之一，史稱帝舜、虞舜、舜帝。後來禪讓於大禹。

③桀、紂：都是暴君，後泛指暴君。桀：桀是夏朝最後一個國王，名履癸，是中國歷史上有名的暴虐、荒淫的國君之一。紂：中國商代最後一位君主。中國歷史上有名的暴君。名紂，或作受，又稱辛、受辛、商辛、商紂、商王紂、商王帝辛。周武

王伐商，牧野之戰時，商軍倒戈，他登鹿臺自焚而死，商滅亡。

④弒（shì）：古代稱子殺父、臣殺君為「弒」。

⑤袂（mèi）：衣袖。中逵（kuí）：中途。

【譯文】

漁夫對樵夫說：「人們所說的親情，莫過於父子關係；所說的疏遠，莫過於路人關係。當利害關係擺在心中時，父子關係就會比路人還要疏遠。父子關係，是天性使然。但有時利害關係甚至能夠奪走這種天性，更何況那些沒有天性的關係呢？利害關係對人的影響，竟然如此之深，能不謹慎對待嗎？路人相遇時，就會平常而過，這是因為他們之間沒有惡意，也沒有利害關係。但如果有利害關係存在，那麼路人、父子之間又有什麼選擇呢？路人之間尚且能夠以義相交，更何況是父子之間的親情呢！義是禮讓的根本，利是爭奪的源頭。禮讓則會產生仁愛，爭奪則會產生傷害。仁愛和傷害，兩者之間的差距是多麼大啊！唐堯、虞舜也是人啊，夏桀、商紂也是人啊，人與人之間是相同的，而產生的仁愛和傷害卻不相同。仁愛因義而產生，傷害因利而產生。如果不依靠義產生利，那麼就會有臣子弒君、兒子弒父的事情發生。這樣君臣、父子的關係就還不如一同相交擦肩而過的路人了。」

【解讀】

這段文段是漁夫對樵夫進行的一番深刻的道德和倫理教誨。漁夫通過對比父子之間的天然親情與路人之間的陌生關係，以及利與義的不同影響，強調了人在面對利害關係時應當如何堅守道德原則。

漁夫首先指出，儘管父子之間有著天然的親情，但當利害關係介入時，這種親情可能會變得比路人之間的關係還要疏遠。這反映了人在面對利益衝突時，很容易受到利益驅使而忽視或犧牲親情和道德原則。這體現了哲學中對於人性自私面的探討，即人們在面臨個人利益與情感、道德之間的衝突時，往往難以抉擇。

漁夫進一步闡述了利與義的關係。他認為，義是禮讓和仁愛的根本，而利則是爭奪和傷害的源頭。這表明，如果人們只追求利益而忽視道義，那麼社會就會充滿爭奪和傷害。這種對比體現了哲學中對於道德行為的追求和對於利益衝突的批判。

漁夫通過堯、舜和桀、紂的對比，說明了普通人之間並沒有本質的區別，但有的人能夠表現出仁愛，有的人卻只會產生傷害。這強調了人在面對利害關係時的選擇和行為決定了其道德品質。這種對比說明了道德行為對於社會穩定與和諧的重要性，同時也警示人們要警惕利益衝突對於個人品德的侵蝕。

最後，漁夫通過路人相遇時相互避讓的例子，提醒人們在日常生活中應該像路人一樣以義為先，相互尊重和理解，而不是只追求個人利益。

綜上所述，這段文段通過生動的比喻和深入的分析，強調了人在面對利害關係時應該堅守道德原則，以義為先，追求仁愛而非傷害。警示人們要認識到利益衝突對於人際關係和道德行為的影響，並努力追求仁德與正義，以實現社會的和諧與穩定。

力分

樵者謂漁者曰：「吾嘗負[1]薪矣，舉百斤而無傷吾之身，加十斤則遂傷吾之身。敢問何故？」

漁者曰：「樵則吾不知之矣。以吾之事觀之，則易地皆然。吾嘗釣而得大魚，與吾交戰。欲棄之，則不能捨；欲取之，則未能勝。終日而後獲，幾有沒溺[2]之患矣。非直有身傷之患耶！魚與薪則異也，其貪而爲傷則一也。百斤力，分之內者也；十斤力，分之外者也。力分之外，雖一毫猶且爲害，而況十斤乎！吾之貪魚，亦何以異子之貪薪乎！」

樵者歎曰：「吾而今而後，知量力而動者，智矣哉!」

【注釋】

①負：馱，背。

②沒溺(mò nì)：沉沒。

【譯文】

樵夫對漁夫說：「我曾經背過柴薪，舉起百斤也不覺得傷害我的身體，但再加十斤就會傷害我了。請問這是什麼緣故？」

漁夫回答：「背柴薪的事我就不知道了。但是從我釣魚之事來看，換個地方釣魚也同樣是這樣。我曾經釣到一條大魚，它與我較量。我打算放棄它，又不想放棄；想得到它，又不能制服它。經過很長時間才捉到它，但是我幾乎有被淹死的危險。這不就是有身體受傷的危險嗎？魚和柴薪雖然不同，但因為貪戀以致受害是一樣的。百斤的重量，是在你的力量範圍之內的；超過的十斤重量，則超出你的力量範圍了。超出力量範圍之外，即使是增加一毫的重量也會成為危害，更何況增加十斤呢！我貪圖大魚，和你貪圖多背柴薪有什麼不同呢！」

樵夫感歎説：「我從今天開始，才知道量力而行，才是聰明的做法。」

【解讀】

這段文段主要涉及到量力而行、貪得無厭以及事物之間的共通性等主題。

樵夫通過自己背柴薪的經歷，向漁夫提出了一個問題：為什麼在一定重量範圍內可以輕鬆地承受負擔，但超過這個範圍就會受傷。這實際上是一個關於量力而行的問題。樵夫通過自己的體驗，意識到超出自己能力範圍的事情可能會帶來傷害。

漁夫也通過自己釣魚的經歷，為樵夫提供了一個生動的例子。他釣到了一條大魚，但由於貪得無厭，想要獲取更大的利益，結果差點喪命。這裏的「量力而行」，不僅僅是一個簡單的物理原則，它更深刻地反映了人類行為的智慧。在追求目標的過程中，必須清楚地認識自己的能力和界限，避免因為過度的貪欲或不自量力而陷入危險或困境。這種認識是避免失敗和傷害的關鍵。

這段文段也揭示了貪欲的普遍性和危險性。無論是樵夫還是漁夫，都因為貪欲而面臨潛在的危險。貪欲是一種人類普遍存在的心理，它驅使我們追求更多的物質利益或滿足更高的欲望。然而，過度的貪欲往往會導致我們失去理智和判斷力，從而陷入危險或困境。

最後，樵夫感歎說，從現在開始，他明白了估量自己的力量而後行動的人是聰明的。這體現了一種智慧，即認識自己的能力和局限性，並在行動中做出明智的決策。這種認識不僅是對自己行為的反思，也是人類普遍智慧的體現。

總的來說，這段文段通過樵夫和漁夫之間的對話，傳達了量力而行、避免貪得無厭以及認識事物共通性的智慧。這些智慧不僅在日常生活中具有指導意義，而且在面對各種挑戰和機遇時也能幫助我們做出更明智的決策。

易理

樵者謂漁者曰：「子可謂知《易》之道矣。吾敢問『《易》有太極』，太極，何物也?」

曰：「無爲之本也。」

曰：「『太極生兩儀』，兩儀，天地之謂乎?」

曰：「兩儀，天地之祖也，非止爲天地而已也。太極分而爲二，先得一爲一，後得一爲二，一二謂兩儀。」

曰：「『兩儀生四象』，四象，何物也?」

曰：「大象謂『陰陽剛柔』。有陰陽，然後可以生天；有剛柔，然後可以生地。立功之本，於斯爲極。」

曰：「『四象生八卦』，八卦，何謂也?」

曰：「謂乾、坤、離、坎、兌、艮、震、巽之謂也。迭相[①]盛衰，終始於其間矣。因而重之，則六十四由是而生也，而《易》之道始備矣。」

樵者問漁者曰：「復何以見天地之心乎?」

曰：「先陽已盡，後陽始生，則天地始生之際，中則當日月始周之際，末則當星辰始終之際。萬物死生，寒暑代謝，晝夜遷變[②]，非此無以見之。當天地窮極之所必變，變則通，通則久。故《象》言『先王以至日閉關，商旅不行，後不省方』，順天故也。」

樵者謂漁者曰：「『無妄，災也』敢問其故?」

曰：「妄，則欺也。得之必有禍，斯有妄也。順天而動，有禍及者，非禍也，災也。猶農有思豐而不勤稼穡[③]者，其荒也，不亦禍乎?

農有勤稼穡而復敗諸水旱者，其荒也，不亦災乎？故《象》言『先王以茂對時，育萬物』，貴不妄也。」

樵者問曰：「姤[4]，何也？」

曰：「姤，遇也。柔遇剛也，與夬[5]正反。夬始逼壯，姤始遇壯，陰始遇陽，故稱姤焉。觀其姤，天地之心亦可見矣。聖人以德化，及此罔[6]有不昌。故《象》言『后以施命告四方』，『履霜』之慎，其在此也。」

漁者謂樵者曰：「春爲陽始，夏爲陽極；秋爲陰始，冬爲陰極。陽始則溫，陽極則熱；陰始則涼，陰極則寒。溫則生物，熱則長物，涼則收物，寒則殺物。皆一氣其別而爲四焉，其生萬物也亦然。」

【注釋】

①迭(dié)相：相繼，輪番。

②遷變：事物的變化轉移。

③稼穡(jià　sè)：春耕為稼，秋收為穡，即種植與收割，後來泛指農業勞動。

④姤(gòu)：相遇。

⑤夬(guài)：六十四卦之一。乾下兌上。象決斷之義。

⑥罔：無，沒有。

【譯文】

樵夫對漁夫說：「你可以說是懂得《易經》的道理了。我想請問『《易》有太極』，所說的『太極』是什麼？」

漁夫回答：「太極是無為的本源。」

樵夫又問：「『太極生兩儀』，兩儀是指天

地嗎？」

漁夫回答：「兩儀是天地的始祖，不僅僅是指天地。太極分化為二，先得到的一為一，後得到的一為二，這一和二就是兩儀。」

樵夫繼續問：「『兩儀生四象』，四象是什麼？」

漁夫回答說：「大象指的是『陰陽剛柔』。有陰陽，然後可以生天；有剛柔，然後可以生地。立功的根本，在這裏為極點。」

樵夫再問：「『四象生八卦』，八卦是什麼意思？」

漁夫回答：「八卦指的是乾、坤、離、坎、兑、艮、震、巽。它們在其中相繼盛衰，始終循環不已。因此，由八卦重疊，就由此產生了六十四卦，而《易經》的道理也就完備了。」

樵夫問漁夫：「那麼，怎樣才能從《易經》

中的復卦看出天地的本心呢？」

漁夫回答說：「先陽耗盡之後，後陽才開始誕生，這就是天地初生的時刻。中間則是日月開始周而復始的時刻，末尾則是星辰始終運轉的時刻。萬物生死，寒暑代謝，晝夜變遷，沒有這些就不能看出天地的本心。當天地窮盡變化之際，一定會發生變化，變化則通達，通達則長久。所以《易經・復卦》象辭中說：『先王在至日閉關，商賈旅客不遠行，諸侯不視察地方』，這是順應天道的緣故。」

樵夫對漁夫說：「《易經》中說『無妄（卦名），災也』，請問這是什麼意思？」

漁夫回答：「妄，就是欺詐。得到一定有禍患，這就是妄。順應天道而動，即使遇到禍患，那也不是禍患，而是災害。這就像農民希望豐收卻不勤勞耕種，他們的田地荒蕪了，這不也是禍患嗎？農民勤勞耕種卻又遭遇水旱災害，他們的田地荒蕪了，這不也是災害嗎？所以《易經》象辭中說：『先王順應時節，使萬物茂盛生長』，這是貴在不妄。」

樵夫問道：「姤卦是什麼意思？」

漁夫回答說：「姤卦，就是相遇。陰柔遇到陽剛，與夬卦相反。夬卦開始逼近強壯，姤卦開始遇到強壯，陰開始遇到陽，所以稱為姤。觀察這個姤卦，天地的本心也可以看出來。聖人用道德來教化，達到這個境界，沒有不昌盛的。所以《易經‧姤卦》中說：『君主要此法施行政令，教化四方』，『履霜』之慎，就在這裏。」

漁夫對樵夫說：「春天是陽氣的開始，夏天是陽氣的極點；秋天是陰氣的開始，冬天是陰氣的極點。陽氣開始則溫暖，陽氣極點則炎熱；陰氣開始則涼爽，陰氣極點則寒冷。溫暖則生物生長，炎熱則生物茂盛，涼爽則生物收穫，寒冷則生物凋零。這些都是由一氣分化為四時的結果，它們生養萬物也是這樣的。」

【解讀】

這段文段主要涉及《易經》中的基本概念、天地之道、道德教化以及四時變化等主題，特別是關於宇宙生成、變化以及人類行為與自然法則之間的關聯。

樵夫向漁夫詢問《易經》中的「太極」「兩儀」「四象」和「八卦」等基本概念。漁夫逐一解釋這些概念，指出它們代表著天地萬物的起源和演變。這些概念是《易經》哲學的核心，體現了宇宙間陰陽對立統一的哲學思想。

在對話中，漁夫提到「天地始生之際」和「天地之心」，暗示著天地之間存在著一種本原的力量和規律。同時，他也強調了道德教化的重要性，認為聖人應該通過道德教化來引導人們順應天道，從而實現社會的繁榮和昌盛。這種思想體現了《易經》中強調的天人合一和道德倫理的觀念。

漁夫通過解釋春、夏、秋、冬四時的變化，以及它們對萬物生長的影響，進一步闡述了《易經》中陰陽五行等哲學思想。他指出，陰陽二氣的消長變化導致了四時的更替和萬物的生長凋零。這種思想體現了《易經》對自然現象和社會現象的深刻洞察和把握。

在解釋「無妄」這一概念時，文段提出了「順天而動」的哲學觀點。它認為，如果人們的行為是出於欺騙和貪婪，那麼即使短暫地得到了好處，最終也會帶來災難。因此，人們應當順應自然規律，避免做出違背道德和良知的行為。

文段通過「姤」這一概念，進一步闡述了宇宙間陰陽相遇、相互作用的哲學思想。它指出，當陰柔遇到陽剛時，就形成了姤。這種相遇和相互作用，不僅體現了宇宙間萬物的生成和變化，也啟示人們應當如何通過和諧相處來實現共同繁榮。

在整個對話中，樵夫通過提問和傾聽，逐漸領悟了《易經》的哲學思想和智慧。他意識到，《易經》不僅是一種理論體系，更是一種指導實踐的智慧。通過理解和應用《易經》的原理，人們可以更好地認識世界、把握規律、順應天道，從而實現個人和社會的和諧與發展。

綜上所述，這段文段通過《易經》的哲學思想，探討了宇宙生成、變化以及人類行為與自然法則之間的關聯，傳達了《易經》的哲學思想、道德教化以及四時變化等主題。這些思想和觀念不僅對於理解《易經》具有重要意義，也對於指導人們的實踐和生活具有深刻的啟示作用。

人物

樵者問漁者曰：「人之所以能靈於萬物者，何以知其然耶?」

漁者對曰：「人之所以能靈於萬物者，謂其目能收萬物之色，耳能收萬物之聲，鼻能收萬物之氣，口能收萬物之味。聲色氣味者，萬物之體也。目耳口鼻者，萬人之用也。體無定用，惟變是用；用無定體，惟化是體。體用交而人物之道於是乎備矣。然則人亦物也，聖人亦人也。有一物之物，有十物之物，有百物之物，有千物之物，有萬物之物，有億物之物，有兆[1]物之物，生一一之物，當兆物之物者，豈非人乎?有一人之人，有十人之人，有百人之人，有千人之人，有萬人之人，有億人之人，有兆人之人。生一一之人，當兆人之人者，豈非聖乎?是知人也者，物之至者也；聖也者，人之至者也。物之至者，始得謂之物之物也；人之至者，始得謂之人之人也。夫物之至者，至物之謂也；而人之至者，至人之謂也。以一至物而當一至人，則非聖人而何?人謂之不聖，則吾不信也。何哉?謂其能以一心觀萬心，一身觀萬身，一物觀萬物，一世觀萬世者焉；又謂其能以心代天意，口代天言，手代天工，身代天事者焉。又謂其能以上識天時，下盡地理，中盡物情，通照人事者焉。又謂其能以彌綸[2]天地，出入造化，進退今古，表裏人物者焉。噫!聖人者，非世世而效聖焉，吾不得而目見之也。雖然吾不得而目見之，察其心，觀其跡，探其體，潛其用，雖億萬年亦可以理知之也。人或告我曰『天地之外，別有天地萬物，異乎此天地萬物』，則吾不得而知已。非唯吾不得而知之也，聖人亦不得而不知之也。凡言知者，謂其心得而知之也。言言者，謂其口得而言之也。既心尚不得而知之，口又惡得而言之乎？以心不可得知而知之，是謂妄知也。以口不可得言而言之，是謂妄言也。吾又安能從妄人而行妄知、妄言者乎？」

漁者謂樵者曰：「仲尼[3]有言曰：『殷因於夏禮，所損益可知也；周因於殷禮，所損益可知也。其或繼周者，雖百世可知也[4]。』夫如是，則何止千百世而已哉！億千萬世，皆可得而知之也。人皆知仲尼之爲仲尼，不知仲尼之所以爲仲尼。不欲知仲尼之所以爲仲尼則已，如其必欲知仲尼之所以爲仲尼，則捨天地將奚之焉？人皆知天地之爲天地，不知天地之所以爲天地。不欲知天地之所以爲天地則已，如其必欲知天地之所以爲天地，則捨動靜將奚之焉?夫一動一靜者，天地至妙者歟?夫一動一靜之間者，天地人至妙至妙者與?是知仲尼之所以能盡三才之道者，謂其行無轍跡也。故有言曰:『予欲無言⑤。』又曰:『天何言哉?四時行焉，百物生焉⑥。』其此之謂與?」

【注釋】

①兆：數名，古代指萬億。

②彌綸：綜括、貫通。

③仲尼：即孔子。子姓，孔氏，名丘，字仲尼，魯國昌平陬邑(今山東曲阜)人。中國春秋末期的思想家、教育家、政治家。與弟子周遊列國十四年，晚年修訂六經，即《詩》《書》《禮》《樂》《易》《春

秋》。相傳孔子有弟子三千，其中有賢人七十二。孔子去世後，其弟子及其再傳弟子把孔子及其所有弟子的言行語錄和思想記錄下來，整理編成儒家經典《論語》。

④「殷因於夏禮」句：語出《論語•為政》。

⑤「予欲無言」句：語出《論語•陽貨》。

⑥「天何言哉」句：語出《論語•陽貨》。

【譯文】

樵夫問漁夫說：「人之所以比萬物更具有靈性，這是因為什麼呢？」

漁夫回答說：「人之所以比萬物更具有靈性，是因為他們的眼睛能夠接收萬物的色彩，耳朵能夠聽取萬物的聲音，鼻子能夠嗅到萬物的氣息，嘴巴能夠品嘗萬物的味道。聲色氣味，萬物之體；目耳口鼻，人人皆用。本質上沒有固定的作用，只有變化才是作用；而作用也沒有固定的本質，只有變化才是本質。當本質與作用相交時，人類和萬物的道理就在其中了。那麼，人也是萬物，聖人也是人。有一物、百物、千物、萬物、億物、兆物。產生出一個物體，能夠抵得上兆物的，這難道不是指人嗎？有一人、百人、千人、萬人、億人、兆人。產生出一種人的，能夠抵得上兆人的，難道不是指聖人嗎？由此可知，人是萬物的極致者，聖人是人的極致者。萬物的極致者，才能稱得上物中之物；人的極致者，才能稱得上人上之人。所説物的極致者，就是指至物；所説人的極致者，就是指至人。用一個極致的萬物來對應一個極致的人，那麼除了聖人還能是什麼呢？如果有人認為他不是聖人，那我就不信了。為什麼呢？因為聖人能夠用一顆心去觀照萬人之心，用一人之身去觀照萬人之身，用一個物體去觀照萬物，用一個世代去觀照萬個世代。他們又能以心代天意，以口代天言，以手代天工，以身代天事。他們還能上知天時，下窮地理，中盡物情，通徹人事。他們更能以一身之力，彌綸天地，出入造化，進退今古，表裏人物。唉！聖人並不是世世代代都會出現的，所以我們無法親眼見到。儘管我們無法親眼見到聖人，但我們可以通過觀察他們的心思，觀察他們的行跡，探尋他們的本體，研究他們的應用，即使經過億萬年，我們也能推測他們的智慧和道理。如果有人告訴我説『天地之外，還有另一個天地萬物，跟這裏的天地萬物不同』，那麼我就不得而知了。不僅我不得而知，即使聖人也不得而知。凡是説到「知」的，都是指通過內心領悟而獲得的知識。説到「言」的，都是指通過口頭表達來傳達思想。如果內心還沒有真正理解，那麼口頭又怎麼能準確表達呢？用不能得到感悟和理解的心去求知，那就是妄知；用不能說出來的口去說話，那就是妄言。我又怎麼能跟著妄人去追求妄知和妄言呢？」

漁夫對樵夫說：「孔子曾經說過：『殷商從夏朝繼承了禮儀制度，其中減少和增加的內容是可以知道的；周朝又從殷商繼承了禮儀制度，其中減少和增加的內容也是可以知道的。那麼將來如果有繼承周朝的朝代，即使經過一百世，其禮儀制度的減少和增加也是可以預知的。』如果這樣的話，那麼何止是千百世，即使是億千萬世，也都是可以瞭解和知道的。人們都知道孔子是孔子，但不知道孔子之所以成為孔子的原因。如果不想知道孔子之所以成為孔子的原因也就罷了，但如果一定要知道孔子之所以成為孔子的原因，那麼除了天地還能從哪里去尋找答案呢？人們都知道天地是天地，但不知道天地之所以成為天地的原因。如果不想知道天地之所以成為天地的原因也就罷了，但如果一定要知道天地之所以成為天地的原因，那麼除了觀察天地的動靜還能從哪里去尋找答案呢？一動一靜，不是天地之間最玄妙的道理又是什麼呢？天、地、人之間的一動一靜，不是天地之間最玄妙、最精微的道理又是什麼呢？由此可知，孔子之所以能夠窮盡天、地、人三才之道，是因為他的行為沒有留下痕跡。所以孔子曾說：『我什麼都沒說。』又說：『天何嘗說過話呢？但四季照樣運行，萬物照樣生長。』這不正是說的這個意思嗎？」

【解讀】

這段文段主要探討了人的本質、聖人的特質、以及天、地、人三者之間的關係。

樵夫提問為何人能夠比其他萬物更為靈性。漁夫回答說，這是因為人具有五官，能夠接收萬物的聲色氣味，從而感知世界。這裏強調了人作為主體的感知和體驗能力，是區分人與其他生物的重要標誌。同時，也暗示了萬物雖各有其體，但人能夠超越其有限性，通過感官來把握世界的多樣性。通過五官與萬物的交互，人們得以瞭解世界，形成了對萬物的認知。

漁夫進一步討論了人與聖人的關係，人也是萬物之一，而聖人則是人中的極致。聖人能夠以一己之力，觀照萬物，理解天地之道，從而代天行事，代天發言。這種能力使得聖人能夠超越普通人，成為萬物的主宰。

漁夫描述了聖人的特質和認知方式。聖人能夠以一心觀萬心，一身觀萬身，一物觀萬物，一世觀萬世，他們能夠理解天時、地理、物情和人事，甚至能夠彌綸天地，出入造化，進退今古，表裏人物。聖人之所以為聖人，在於其能夠「以一至物而當一至人」，即能夠將最高的物性與最高的人性相結合，實現物我合一的境界。這種超越常人的認知和智慧，使得聖人能夠洞察萬物，理解天地之道。

漁夫引用了孔子的話，強調了歷史發展的連續性和規律性。他認為，通過瞭解歷史和文化的傳承，可以推知未來，這種傳承不僅僅是表面的形式，更是內在的精神和理念。同時，他也指出，要理解天地之道，必須觀察天地之間的動靜變化，這是天地人之間的至妙之處。

最後，漁夫認為孔子之所以能夠盡三才（天、地、人）之道，是因為他行事無轍跡，即順應自然，無為而治。這種境界使得孔子無需多言，因為天地已經通過四時運行和萬物生長來表達自己的意志。這種理解體現了漁夫對孔子智慧和天地之道的深刻理解。

綜上所述，這段文段探討了人與萬物、聖人與天地之間的關係，以及如何認知和理解這些關係。同時，也強調了人作為主體在認識世界和改造世界中的重要作用。這些思想和觀念對於理解人與自然、人與社會的關係具有重要意義。

權變

漁者謂樵者曰：「大哉！權之與變乎？非聖人無以盡之。變然後知天地之消長，權然後知天下之輕重。消長，時也；輕重，事也。時有否泰[①]，事有損益。聖人不知隨時否泰之道，奚由知變之所爲乎？聖人不知隨時損益之道，奚由知權之所爲乎？運消長者，變也；處輕重者，權也。是知權之與變，聖人之一道耳。」

【注釋】

①否（pǐ）泰：好壞。

【譯文】

漁夫對樵夫說：「真是偉大啊！權衡與變化的重要性！不是聖人沒人能完全理解它們。只有經過變化，我們才能瞭解天地的盛衰消長；只有經過權衡，我們才能瞭解天下的輕重緩急。盛衰消長是時間的體現，輕重緩急是事物的體現。時間有否泰之分，事物有損益之別。如果聖人不知道如何順應時間的否泰變化，他們又怎麼能理解變化的意義呢？如果聖人不知道根據事物的損益來調整策略，他們又怎麼能理解權衡的運用呢？運用盛衰消長的規律，就是變化；處理輕重緩急的事物，就是權衡。由此可知，權衡與變化，是聖人治理天下的基本原則和方法。」

【解讀】

這段文段主要探討了權衡與變化在宇宙和

人類社會中的重要作用，以及聖人如何運用它們來理解和應對世界的變化。

首先，漁夫提出「大哉！權之與變乎？」這句話直接強調了權變的重要性和偉大性。這裏的「權」可以理解為權衡、抉擇，而「變」則是指變化、適應。權變可以理解為一種靈活適應、因時制宜的智慧和策略。他認為，「非聖人無以盡之。」這意味著只有聖人能夠完全理解和運用權變之道。這暗示了權衡與變化是復雜而深奧的概念，需要高度的智慧和洞察力才能領悟。

接著，漁夫詳細闡述了權變的具體內涵：「變然後知天地之消長，權然後知天下之輕重。」變化是瞭解天地萬物消長規律的關鍵，而權衡則是把握天下事物輕重緩急的重要方法。這裏，漁夫通過對比「消長」與「時」、「輕重」與「事」的關係，強調了權變對於理解和應對自然與社會現象的重要性。

然後，文段還強調了權變之道在應對復雜局面中的重要作用。在復雜多變的世界中，只有那些能夠靈活適應、因時制宜的人，才能夠立於不敗之地。而聖人正是通過運用權變之道，達到了這種境界。他們不僅能夠洞察事物的本質和規律，還能夠根據具體情況作出正確的選擇和行動，從而實現個人與社會的和諧共生。

綜上所述，這段文段探討了權衡與變化在宇宙和人類社會中的重要作用，以及聖人如何運用它們來理解和應對世界的變化。這告訴我們，在面對復雜多變的世界時，我們應該學會運用權變之道，以智慧和策略來應對面對的各種挑戰和困難。

生死

樵者問漁者曰：「人謂死而有知，有諸[1]？」

曰：「有之。」

曰：「何以知其然?」

曰：「以人知之。」

曰：「何者謂之人?」

曰：「目耳鼻口、心膽脾腎之氣全，謂之人。心之靈曰神，膽之靈曰魄。脾之靈曰魂，腎之靈曰精；心之神發乎目，則謂之視；腎之精發乎耳，則謂之聽；脾之魂發乎鼻，則謂之臭[2]；膽之魄發乎口，則謂之言。八者具備，然後謂之人。夫人也者，天地萬物之秀氣也。然而亦有不中者，各求其類也。若全得人類，則謂之曰全人之人。夫全類者，天地萬物之中氣也，謂之曰全德之人也。全德之人者，人之人者也。夫人之人者，仁人之謂也。唯全人，然後能當之。人之生也，謂其氣行，人之死也，謂其形返。氣行則神魂交，形返則精魄存。神魂行於天，精魄返於地。行於天，則謂之曰陽行；返於地，則謂之曰陰返。陽行則晝見③而夜伏者也，陰返則夜見而晝伏者也。是故，知日者月之形也，月者日之影也；陽者陰之形也，陰者陽之影也；人者鬼之形也，鬼者人之影也。人謂鬼無形而無知者，吾不信也。」

【注釋】

①諸：「之於」的合音。

②臭：通嗅。用鼻子辨別氣味。

③見：通現。出現，顯露。

【譯文】

樵夫問漁夫說：「人們說人死後還有知覺，有這種事情嗎？」

漁夫回答說：「有的。」

樵夫問道：「你怎麼知道這件事呢？」

漁夫回答：「這是通過人知道的。」

樵夫問道：「那麼，什麼被稱為『人』呢？」

漁夫回答：「目、耳、鼻、口以及心、膽、脾、腎等器官的氣都齊全，這就是所謂的『人』。心的靈氣是神，膽的靈氣是魄，脾的靈氣是魂，腎的靈氣是精。當心的神通過眼睛表現出來時，稱之為『視』；腎的精通過耳朵表現出來時，稱之為『聽』；脾的魂通過鼻子表現出來時，稱之為『嗅』；膽的魄通過嘴巴表現出來時，稱之為『言』。以上八個要素都具備，才能稱之為人。人，是集天地萬物之秀氣而生。然而，也存在不符合這個標準的人，他們各自尋求屬於自己的類屬。如果一個人完全具備了人的特性，那麼我們就稱他為『全人之人』。全人之人，得天地萬物的中和之氣，我們稱之為『全德之人』。全德之人，是人中之人。當我們說『人中之人』，是指『仁人』。只有全人，才能被稱為『仁人』。人生在世，是氣的運行；人死後，形體返歸塵土。氣在運行時，神魂交織；形體返歸時，精魄留存。神魂升於天，精魄歸於地。升於天，稱之為『陽行』；歸於地，稱之為『陰返』。陽行者在白天出現，夜晚潛伏；陰返者在夜晚出現，白天潛伏。因此，我們知道太陽是月亮的形體，月亮是太陽的影子；陽是陰的形體，陰是陽的影子；

人是鬼的形體，鬼是人的影子。有人說鬼沒有形體，沒有知覺，我不相信這種說法。」

【解讀】

這段文段探討了關於人的本質、生死、靈魂與知覺等哲學問題，以及「全人」與「全德」的概念。

首先，文段通過樵夫與漁夫的對話，引出了關於死後是否有知的討論。漁者認為死後有知，其依據在於「以人知之」，即通過觀察和理解活著的人來推斷。

接著，漁者進一步定義了「人」的構成，強調了人的肉體和靈魂兩個方面。漁夫認為，一個完整的人需要具備目、耳、鼻、口以及心、膽、脾、腎等器官的氣都齊全。這些器官和氣的完整性構成了人的基本結構和功能。此外，他還進一步解釋了這些器官與人的精神活動之間的關聯，如心之靈為神，膽之靈為魄，脾之靈為魂，腎之靈為精。這種解釋體現了古代對人體和精神活動的認識和理解。

漁者還進一步區分了「全人之人」和「全德之人」。他認為只有那些「全得人類」的人，才能被稱為「全人之人」，而「全德之人」則是天地間最具「中氣」的人，即達到了道德和精神的最高境界。這種對「全人」和「全德」的追求，體現了古代對於完美人格和道德境界的嚮往。

漁夫認為，人生在世是氣的運行，而死後則形體返歸塵土。這體現了古代對於生命的起源和終結的哲學思考。他認為，在氣行時，人的神魂交織；在形體返歸時，精魄留存。這種解釋試圖揭示人在死後仍然存在某種形式的知覺或靈魂。

漁夫通過陽行和陰返的概念，解釋了人在死後靈魂的活動狀態。他認為，陽行者白天出現，夜晚潛伏；而陰返者夜晚出現，白天潛伏。這種解釋試圖描繪一種超越人類感知範圍的靈魂活動狀態，進一步強調了靈魂的存在和知覺的可能性。

漁夫通過日與月、陽與陰的類比，進一步說明了靈魂與肉體的關係。他認為，太陽是月亮的形體，月亮是太陽的影子；陽是陰的形體，陰是陽的影子；人是鬼的形體，鬼是人的影子。這種類比試圖揭示靈魂與肉體之間的緊密關係，並強調靈魂在肉體死亡後仍然存在。

漁夫認為，雖然有些人說鬼沒有形體和知覺，但他對此表示不信。他認為，鬼是人的影子，具有某種形式的知覺和存在。這種看法體現了古代對於死亡和靈魂的信仰和觀念。

綜上所述，這段文段探討了關於人的本質、生死、靈魂與知覺等哲學問題。它反映了古代對於這些問題的思考和理解，並試圖揭示靈魂的存在和知覺的可能性，強調了人的肉體與靈魂、自然與宇宙的緊密聯繫，以及追求「全人」和「全德」的道德境界。這種探討和解釋體現了古代哲學的深刻洞見和智慧。

君子小人

樵者問漁者曰：「小人可絕乎？」

曰：「不可。君子稟[1]陽正氣而生，小人稟陰邪氣而生。無陰則陽不成，無小人則君子亦不成，唯以盛衰乎其間也。陽六分則陰四分，陰六分則陽四分，陽陰相半則各五分矣。由是知君子小人之時有盛衰也。治世則君子六分。君子六分，則小人四分，小人固不勝君子矣，亂世則反是。君君，臣臣，父父，子子，兄兄，弟弟，夫夫，婦婦，謂各安其分也。君不君，臣不臣，父不父，子不子，兄不兄，弟不弟，夫不夫，婦不婦，謂各失其分也。此則由世治世亂使之然也。君子常行勝言，小人常言勝行。故世治則篤實之士多，世亂則緣飾[2]之士衆。篤實鮮不成事，緣飾鮮不敗事。成多國興，敗多國亡。家亦由是而興亡也。夫興家與興國之人，與亡國亡家之人，相去一何遠哉!」

【注釋】

①稟：承受。

②緣飾：修飾。

【譯文】

樵夫問漁夫說：「小人可以絕跡嗎？」

漁夫回答說：「這件事不可以實現。君子秉承陽正之氣而生，小人秉承陰邪之氣而生。沒有陰則陽就無法形成，沒有小人則君子也就無法產生。它們之間的關係是盛衰變化在其中起作用。如果以十分計算，那麼當陽佔據六分，陰就佔據四分；當陰佔據六分，陽就佔據四分；當陰陽之氣各占一半時，就各占五分。由此可知，君子和小人之間的盛衰變化是隨著時代的變遷而變化的。在太平盛世，君子佔據六分，而小人佔據四分，因此小人必然無法勝過君子。然而，亂世時期則與太平盛世恰恰相反。所謂君君、臣臣、父父、子子、兄兄、弟弟、夫夫、婦婦，是指各安其分。而君不君、臣不臣、父不父、子不子、兄不兄、弟不弟、夫不夫、婦不婦，則是各失其分。這種情況是由於社會的治亂所導致的。君子往往行多於言，而小人往往言多於行。因此，在太平盛世的時候，篤實之人就會多；在亂世時期的時候，虛偽之人就會多。篤實之人很少不能成事，而虛偽之人很少不敗事。成事多了，國家就會興盛；敗事多了，國家就會滅亡。家庭也是因此而有興衰變化。那些能夠使家庭和國家興盛的人，與那些導致國家和家庭滅亡的人，他們的差距是多麼大啊！」

【解讀】

這段文段探討了君子與小人、治世與亂世、忠誠與虛偽等哲學和社會問題。

首先，漁夫認為，君子和小人分別秉承陽剛正氣和陰邪之氣而生。陰陽相互依存，沒有陰就沒有陽，沒有小人就沒有君子。這種觀念體現了古代哲學中陰陽互補、相互依存的思想。同時，也暗示了社會中君子和小人的存在是不可避免的，它們之間的平衡和調和對於社會的和諧至關重要。

接著，漁夫進一步認為，在治世時期，君子

的力量佔據主導地位，小人相對較少，社會和諧穩定。而在亂世時期，小人的力量增強，君子相對減少，社會動盪不安。這種變遷是由陰陽盛衰、君子小人的盛衰變化所導致的。這種觀念體現了古代對於社會治亂變遷的哲學思考，認為社會的興衰與君子小人的力量對比密切相關。

然後，漁夫認為，在太平盛世，忠誠樸實的人較多，他們注重實際行動，言行一致，很少會辦不成事。而在亂世時期，虛偽巧飾的人較多，他們誇大其詞，言行不一，很少不敗壞事情。這種對比強調了忠誠和虛偽對於個人和社會的影響。忠誠是社會穩定和發展的重要基石，而虛偽則會導致社會混亂和道德淪喪。

最後，漁夫認為，家庭的興亡與國家的興亡有著密切的關係。那些能夠興家興國的人，通常具備忠誠、樸實、言行一致的品質；而那些導致國家家庭衰敗的人，則往往虛偽、巧飾、言行不一。這種觀念體現了古代對於家庭和國家興亡原因的深刻認識，認為個人的品質和道德觀念對於家庭和國家的命運具有決定性的影響。

綜上所述，這段文段探討了君子與小人的關係、社會的治亂興衰以及人的言行與行為結果之間的聯繫。它強調了陰陽互補、對立統一的思想，以及品德和行為對於個人和社會的重要性。這種探討和解釋體現了古代哲學的深刻洞見和智慧，對於我們理解社會和個人的發展具有重要意義。

才正不正

樵者問漁者曰：「人所謂才者，有利焉，有害焉者，何也?」

漁者曰：「才一也，利害二也。有才之正者，有才之不正者。才之正者利乎人，而及乎身者也；才之不正者利乎身，而害乎人者也。」

曰：「不正，則安得謂之才?」

曰：「人所不能而能之，安得不謂之才?聖人所以惜乎才之難者，謂其能成天下之事而歸之正者寡也。若不能歸之以正才，則才矣難乎語其仁也。譬猶藥之療疾也，毒藥亦有時而用也。可一而不可再也，疾愈則速已，不已則殺人矣。平藥[1]則常日而用之可也，重疾非所以能治也。能驅重疾而無害人之毒者，古今人所謂良藥也。《易》曰：『大君有命，開國承家，小人勿用。』如是，則小人亦有時而用之。時平治定，用之則否。《詩》云：『它山之石，可以攻玉。』其小人之才乎!」

【注釋】

①平藥：平和的藥劑。

【譯文】

樵夫問漁夫說：「人們所說的『才』，有的有利，有的有害，這是為什麼呢？」

漁夫回答說：「『才』是一，利害是二。才有正、不正之分。才正之人能夠利益他人，同時也利於自身；而才不正之人雖然利於自身，卻會損害他人。」

樵夫問道：「如果才不正，那怎麼能稱之為『才』呢？」

漁夫回答：「人們所不能而他卻能做到，怎麼能不稱之為『才』呢？聖人之所以珍惜難得的才華，是因為能夠成就天下大事並歸於正道的人很少。如果不能將才華歸於正道，那麼即使有才也難以談論其仁德。這就像藥物治療疾病一樣，毒藥有時也能起作用。可以偶爾使用但不能反復使用，疾病治癒後就要立刻停止，若不停止就會使人喪命。普通藥物則可以日常使用，但無法治療重病。能夠治療重病而不損害人的毒藥，才是古往今來人們所稱的良藥。《易經・師卦》中說：『大君有命令，開國承家，小人不要任用。』這樣看來，小人在某些時候也是可以被任用的。

但在和平穩定的時候，就不應該任用他們。《詩經・鶴鳴》中說：『它山之石，可以攻玉。』所講的是指小人的才華吧！」

【解讀】

這段文段探討了「才」或「才華」的兩面性，即其可能帶來的利益和危害。這裏，「才」並不僅僅指個人的能力和才智，而且包含了如何使用這些能力和才智的層面。

首先，樵夫提出了關於人才及其利害關係的疑問。漁夫認為，才華本身是中性的，但其產生的結果卻有利害之分。因為它可以被用於正面的、有益於他人的目的，也可以被用於負面的、損害他人的目的。這取決於使用才華的人的動機和意圖。

接下來，樵夫提出於不正之才能否被稱為才

的問題。漁者解釋道，即使才能不正，但只要能做到別人所不能做到的事情，就應該稱之為才。然而，他強調，聖人之所以珍惜人才，是因為能夠將才能用於正道、成就天下之事的人很少。如果不能將才能用於正道，那麼這種才就難以稱之為仁德之才。

漁夫進一步通過藥物的比喻來闡述才能的正與不正。毒藥在某些情況下可能是有用的，但如果使用不當或過度使用，就會致命。同樣，才華如果使用不當或出於不良動機，也可能會造成傷害。普通的藥物則可以日常使用，但無法治療重病。而良藥則能夠治癒疾病，對人有益。這再次強調了使用才華時需要具備正確的動機和意圖。

最後，文段引用《易經》和《詩經》中的句子來強調人才使用的時機和原則。在和平安定的時期，應該避免使用小人（即不正之才）。但在特殊情況下，如《詩經》所云，有時也需要利用「它山之石」（即小人之才）來攻玉（即解決難題）。這說明了人才使用的靈活性和復雜性，需要根據實際情況來判斷和選擇。這提醒我們，在評價他人時應該更加全面和客觀，不要一概而論。

綜上所述，這段文段通過探討「才」的兩面性，強調了在使用才華時需要具備正確的動機和意圖，同時也提醒我們要審慎地評估他人的才華和品德，並在特定情境下給予他們適當的機會。

擇用

樵者謂漁者曰：「國家之興亡，與夫才之邪正，則固得聞命[1]矣。然則何不擇其人而用之?」

漁者曰：「擇臣者，君也；擇君者，臣也。賢愚各從其類而爲，奈何有堯、舜之君，必有堯、舜之臣。有桀、紂之君，必有桀、紂之臣。堯、舜之臣生乎桀、紂之世，猶桀、紂之臣生於堯、舜之世，必非其所用也。雖欲爲禍爲福，其能行乎?夫上之所好，下必好之。其若影響[2]，豈待驅率[3]而然耶?上好義，則下必好義，而不義者遠矣；上好利，下必好利，而不利者遠矣。

好利者衆，則天下日削矣；好義者衆，則天下日盛矣。日盛則昌，日削則亡。盛之與削，昌之與亡，豈其遠乎?在上之所好耳。夫治世何嘗無小人，亂世何嘗無君子，不用則善惡何由而行也。」

【注釋】

①聞命：接受教導。

②影響：影子和回聲。多用以形容感應迅捷。

③驅率：驅使率領。

【譯文】

樵夫對漁夫説：「國家的興衰與才華的邪正，我已經聽明白了。那麼，為什麼不選擇適合的人才來使用呢？」

漁夫回答説：「選擇臣子的是君主，選擇君主的是臣子。賢能的人和愚昧的人都會各自跟隨他們的同類而有所行動。這就是為什麼會有唐堯、虞舜這樣的君主，就會有像唐堯、虞舜這樣的臣子；有夏桀、商紂這樣的君主，就會有像夏桀、商紂這樣的臣子。如果唐堯、虞舜的臣子生在夏桀、商紂的時代，或者夏桀、商紂的臣子生在唐堯、虞舜的時代，他們一定不會被重用。即使他們想為國家做福或做禍，又怎麼可能實現呢？君主所喜好的，臣子必定會喜好。這就像影子隨著形體一樣，哪里需要驅趕和強迫呢？如果君主喜好正義，臣子必定會喜好正義，而那些不義的人就會遠離；如果君主喜好利益，臣子必定會喜好利益，而那些不講利益的人就會遠離。喜好利益的人多了，天下就會日漸削弱；喜好正義的人多了，天下就會日漸強盛。天下日漸強盛就會昌盛，日漸削弱就會滅亡。天下的強盛與削弱，昌盛與滅亡，難道相差很遠嗎？關鍵在於君主所喜好的東西。在太平盛世並非沒有小人，在亂世時期並非沒有君子。如果不用君子小人，那麼善惡又怎麼能得以體現呢？」

【解讀】

這段文段探討了人才的選擇、國家的興衰以及君主的影響力等話題。

首先，文段通過樵夫與漁夫的對話，探討了國家興亡與人才選拔的關係。漁夫強調，人才的選拔並非單方面的選擇，而是君臣之間相互選擇的結果。這一觀點體現了古代哲學中「君臣相得」的治理理念，即君主的品質和行為會直接影響其所選拔的臣子，而臣子的品質和行為也會反過來影響君主。因此，一個國家的興衰不僅僅取決於君主的智慧和能力，也取決於其能否選拔到合適的臣子來共同治理國家。

漁夫進一步闡述了君主的喜好對於國家風尚的影響。他認為君主的喜好會像影子一樣影響臣子和整個國家。如果君主喜好正義，國家就會強盛；如果君主喜好利益，國家就會削弱。社會風尚的形成不僅僅是通過強制手段實現的，而是通過君主的示範作用和人們的自覺模仿來實現的。因此，君主的喜好和道德風尚對於國家的治理和發展具有至關重要的影響。

接著，漁夫提到，賢能的人和愚昧的人都會各自跟隨他們的同類。這意味著人才的聚集和國家的興衰與君主的品質和價值觀密切相關。一個明智的君主會吸引賢能的臣子，而一個愚昧的君主則可能吸引同樣愚昧的人。

最後，漁者通過對比治世和亂世中的人才選擇，強調了人才選拔的重要性。他指出，即使在治世中也會有小人存在，在亂世中也會有君子存在。然而，如果這些人才沒有被正確地選拔和使用，那麼他們的善惡品質就無法得到發揮和實現。因此，正確的人才選拔和使用對於國家的治理和發展具有決定性的影響。

綜上所述，這段文段強調了人才選擇、君主的影響力和國家的興衰之間的緊密關係。它提醒我們，作為領導者或決策者，我們的喜好和價值觀會對周圍的人和國家產生深遠影響。因此，我們應該注重人才的選拔和使用，以實現國家的長治久安和社會的繁榮發展。

善 惡

樵者曰:「善人常寡,而不善人常衆。治世常少,亂世常多。何以知其然耶?」

曰:「觀之於物,何物不然?譬諸五穀[1],耘[2]之而不苗者有矣。蓬莠[3]不耘而猶生,耘之而求其盡也,亦未如之何矣!由是知君子小人之道,有自來矣。君子見善則喜之,見不善則遠之;小人見善則疾之,見不善則喜之。善惡各從其類也。君子見善則就之,見不善則違之;小人見善則違之,見不善則就之;君子見義則遷,見利則止;小人見義則止,見利則遷。遷義則利人，遷利則害人。利人與害人，相去一何遠耶？家與國一也，其興也，君子常多而小人常鮮。其亡也，小人常多而君子常鮮。君子多而去之者，小人也；小人多而去之者，君子也。君子好生，小人好殺。好生則世治，好殺則世亂。君子好義，小人好利。治世則好義，亂世則好利。其理一也。」

釣者談已，樵者曰：「吾聞古有伏羲④，今日如睹其面焉。」拜而謝之，及旦而去。

【注釋】

①五穀：指糧食，即稻、黍、稷、麥、豆。

②耘（yún）：培土。

③蓬（péng）：多年生草本植物，花白色，中心黃色，葉似柳葉，子實有毛。莠（yǒu）：一年生草本植物，穗有毛，很像穀子，亦稱「狗尾草」。

④伏羲：字太昊，三皇之一。相傳是人首蛇身。與女媧兄妹相婚，生兒育女。曾根據天地萬物的變化，創立八卦。又稱宓羲、炮犧、庖犧、包犧、羲皇、虙羲、皇羲及太昊等。

【譯文】

樵夫說：「善良之人常常很少，而不善之人常常很多。太平盛世常常很少，而亂世常常很多。怎樣才能知道其中原因呢？」

漁夫回答說：「觀察天地萬物，哪樣事物不是這樣的呢？就像五穀一樣，雖然有人耕種但不出苗的情況也有。雜草不需要耕種卻仍然生長，即使想除盡雜草，也不可能獲得豐收。由此可知，君子之道，小人之道的存在，是自古以來就有的。君子看到善良的行為就會感到高興，看到不善良的行為就會遠離；而小人看到善良的行為就會憎惡，看到不善良的行為卻會喜歡。善惡各自按類別聚在一起。君子看到善良的行為就會親近，看到不善良的行為就會避開；而小人看到善良的行為卻會避開，看到不善良的行為卻會親近。君子看到正義就會去實踐，看到利益就會止步；而小人看到正義就會止步，看到利益就會去追逐。追求正義就會利益他人，追逐利益卻會傷害他人。利益他人和傷害他人，這兩者之間的差距是多麼大啊！家庭和國家也是一樣的道理。當它們興盛時，君子往往很多，而小人往往很少。當它們衰敗時，小人往往很多，而君子往往很少。君子多，但不願意與之接近而離開的，是小人；小人多，但不願意與之同流而離開的，是君子。君子愛惜生命，小人愛好殺戮。愛惜生命則社會安定，愛好殺戮則社會動盪。君子愛好正義，小人愛好利益。太平之時人們愛好正義，亂世之時人們愛好利益。這個道理是一樣的。」

漁夫談完之後，樵夫說：「我聽說古代有伏羲氏，現在與你談論這些，好像今天我見到他了一樣。」於是向漁夫拜謝，然後等到天亮就離開了。

【解讀】

這段文段探討了君子與小人、善與惡、治世與亂世之間的關係，以及這些關係如何影響社會的治理和秩序。

首先，文段提出了「善人常寡，而不善人常衆」的觀察，揭示了人性中善與惡的不平衡。進而，漁夫以五穀生長和雜草蓬莠的比喻，說明了君子與小人（即善人與不善人）的存在是自然而然的，如同自然界中既有茁壯的苗，也有未經耕耘而自生的雜草。這反映了人性復雜多元、善惡並存的特點。

另外，漁夫通過五穀和雜草的比喻，將自然界的生長規律與人類社會中的君子和小人現象聯繫起來。這表明了， 人類社會中的道德問題和自然規律一樣，是普遍存在的，並且是不可避免的。

接著，漁夫通過描述君子和小人對待善惡、正義與利益的不同態度，突出了兩者之間的本質差異。君子傾向於善良、正義和利他，而小人則傾向於邪惡、自私和損人利己。這種對比強調了道德觀念和行為準則對於個人和社會的重要性。

然後，樵夫提出了治世與亂世循環的問題，而漁夫則通過君子和小人的消長來解釋這一現象。當君子佔據主導地位時，社會趨向於和平與繁榮；而當小人佔據主導地位時，社會則陷入混亂與動盪。這種循環揭示了道德和領導力在社會變遷中的關鍵作用。

最後，樵夫將漁夫比作古代的伏羲氏，這是對漁夫智慧和深刻見解的高度讚揚。同時，此次探討宇宙、自然、人類、社會等多層面問題的對話就此結束。

整段文段強調了道德觀念和行為準則對於個人和社會的重要性。無論是君子還是小人，他們的行為和選擇都受到道德觀念的影響。因此，追求正義、善良和利他是推動社會進步和維護社會和諧的關鍵。

綜上所述，這段文段通過樵夫與漁夫的對話，深入探討了君子與小人的差異、治世與亂世的循環以及道德觀念和行為準則對於個人和社會的重要性。它提醒我們要明辨是非、追求正義和善良，以促進社會的和諧與進步。同時，它也強調了道德和領導力在社會變遷中的關鍵作用，提醒我們在現實生活中要注重道德修養和領導力培養。

附录一：邵堯夫先生墓誌銘

宋· 程顥

熙寧丁巳孟秋癸丑，堯夫先生疾終於家。洛之人吊哭者相屬於途。其尤親且舊者，又聚謀其所以葬。先生之子泣以告曰：「昔先人有言，志於墓者必以屬吾伯淳。」噫，先生知我者，以是命我，何敢辭！

謹按：邵本姬姓，系出召公，故世爲燕人。大王父令進以軍職逮事藝祖，始家衡漳。祖德新、父古皆隱德不仕，母李氏，其繼楊氏。先生之幼，從父徙共城，晚遷河南，葬其親於伊川，遂爲河南人。先生生於祥符辛亥，至是蓋六十七年矣。雍，先生之名，而堯夫，其字也。娶王氏，伯溫、仲良，其二子也。先生之官，初舉遺逸，試將作監主薄，後又以爲潁州團練推官，辭疾不赴。

先生始學於百原，勤苦刻厲，冬不爐，夏不扇，夜不就席者數年，衛人賢之。先生歎曰：「昔人尙友於古，而吾未嘗及四方，遽可已乎!」於是走吳適楚，過齊、魯，客梁、晉，久之而歸曰：「道其在是矣。」蓋始有定居之意。

先生少時，自雄其材，慷慨有大志。既學，力慕高遠，謂先王之事爲可必致。及其學益老，德益劭，玩心高明，觀於天地之運化，陰陽之消長，以達乎萬物之變，然後頹然其順，浩然其歸。

在洛幾三十年，始至，蓬蓽環堵，不蔽風

雨，躬爨以養其父母，居之裕如。講學於家，未常強以語人，而就問者日衆。鄉里化之，遠近尊之，士人道洛者，有不之公府而必至先生之廬。先生之德器粹然，望之可知其賢。然不事表暴，不設防畛。正而不諒，通而不汙，清明坦夷，洞徹中外。接人無貴賤親疏之間。群居燕飲，笑語終日，不取甚異於人，顧吾所樂何如耳？病畏寒暑，常以春秋時行遊城中，士大夫家聽其車音，倒屣迎致，雖兒童奴隸，皆知歡喜尊奉。其於人言，必依孝弟。樂道人之善，而未嘗及其惡。故賢者悅其德，不賢者服其化。所以厚風俗，成人材，先生之功多矣。

昔七十子學於仲尼，其傳可見者，爲曾子所以告子思，而子思所以授孟子者耳，其餘門人各以其材之所宜者爲學。雖同尊聖人，所因而入者，門戶則衆矣。況後此千餘歲，師道不立，學者莫知其所從來。獨先生之學爲有傳也。先生得之於李挺之，挺之得於穆伯長。推其源流，遠有端緒，今穆、李之言及其行事概可見矣。而先生淳一不雜，汪洋浩大，乃其所自得者多矣。然而名其學者，豈所謂門戶之衆，各有所因而入者歟?語其成德者，昔難其居。若先生之道，就所至而論之，可謂安且成矣。

先生有書六十卷，命曰《皇極經世》，古律詩二千篇，題曰《擊壤集》。先生之塋，附於先塋。實其終之年，孟冬丁酉也。

銘曰：嗚呼先生，志豪力雄。闊步長趨，淩高厲空。探幽索隱，曲暢旁通。在古或難，先生從容。有《問》有《觀》，以飫以豐。天不慭遺，哲人之凶。鳴皋在南，伊流在東。有寧一宮，先生所終。(《明道集》卷四。)

附录二：康節先生行狀略

宋· 張峄

先生治《易》《書》《詩》《春秋》之學，窮意、言、象、數之蘊，明皇、帝、王、霸之道，著書十餘萬言。研精極思三十年，觀天地之消長，推日月之盈縮，考陰陽之度數，察剛柔之形體，故經之以元，紀之以會，參之以運，終之以世。又斷自唐虞，迄於五代，本諸天道，質之人事。興廢治亂，靡所不載。其辭約，其義廣，其書著，其旨隱。嗚呼！美矣！至矣！天下之能事畢矣！

先生少事北海李之才挺之，挺之聞道於汶陽

穆修伯長，伯長以上雖有其傳，未之詳也。先生既受其學，則又遊於河汾之曲，以至淮海之濱，涉於濟、汶，達於梁、宋。苟有達者必訪以道，無常師焉。乃退居共城，廬於百原之上。大覃思於《易經》，夜不設寢，日不再食，三年而學以大成。大名王豫天悅，博達之士，尤長於《易》，聞先生之篤志，愛而欲教之。既與之語三日，得所未聞，始大驚服，卒舍其學而學焉，北面而尊師之。衛人乃知先生之爲有道也。

年三十餘，來遊於洛，以爲洛邑天下之中，可以觀四方之士，乃定居焉。先生淸而不激，和而不流。遇人無貴賤、賢不肖，一接以誠。長者事之，少者友之，善者與之，不善者矜之。故洛人久而益尊信之。四方之學者，與士大夫之過洛者，莫不慕其風而造其廬。

先生之教人，必隨其才分之高下，不驟語

而強益之。或聞其言，若不適其意，先生亦不屑也。故來者多而從者少，見之者衆而知之者尚寡。及接之久，察其所處無不中於理；叩其所有愈久而愈新，則皆心悅而誠服。先生未嘗有求於人，或饋之以禮者，亦不苟辭。洛人爲買宅，丞相富公爲買園以居之。

仁宗嘉祐中，詔舉遺逸，留守王公拱辰以先生應詔，授將作監主簿。今上熙寧之初，復求逸士，御史中丞呂公誨、龍圖閣直學士祖公無擇與今丞相吳公允又以先生爲言，補潁州團練推官，皆三辭不獲，而後從命，然卒稱疾不之官。

先生六十始爲隱者之服，曰：「病且老矣，不復能從事矣。」隆寒盛暑，閉門不出，曰：「非退者所宜也。」其於書無所不讀，諸子百家之學，皆究其本原，而釋老技術之說，一無所惑其志。晚尤喜爲詩，平易而造於理，有《擊壤集》二十卷，自爲之序。

熙寧十年春得疾，逾百日，氣益耗而神益明矣。七月癸丑，啓手足於天津之南道德坊之第。

初，先生塟其父於伊闕神陰原，今從其兆。父以明經教授鄉里，及先生之長，退老於家。先生雖貧，養之終身致其樂。弟睦事先生甚謹，飲食起居，必身臨之，惟恐不得其意。蓋如先生之事其父母也，不幸早亡。(《伊洛淵源錄》卷五。)

附录三：邵雍傳

元·脫脫等

邵雍，字堯夫。其先范陽人，父古徙衡漳，又徙共城。雍年三十，遊河南，葬其親伊水上，遂爲河南人。

雍少時，自雄其才，慷慨欲樹功名。於書無所不讀，始爲學，卽堅苦刻厲，寒不爐，暑不扇，夜不就席者數年。已而歎曰：「昔人尙友於古，而吾獨未及四方。」於是逾河、汾，涉淮、漢，周流齊、魯、宋、鄭之墟，久之，幡然來歸，曰：「道在是矣。」遂不復出。

北海李之才攝共城令，聞雍好學，嘗造其廬，謂曰：「子亦聞物理、性命之學乎?」雍對曰：「幸受教。」乃事之才，受《河圖》《洛書》《宓義》八卦六十四卦圖像。之才之傳，遠有端緒，而雍探賾索隱，妙悟神契，洞徹蘊奥，汪洋浩博，多其所自得者。及其學益老，德益邵，玩心高明，以觀夫天地之運化，陰陽之消長，遠而古今世變，微而走飛草木之性情，深造曲暢，庶幾所謂不惑，而非依仿象類、億則屢中者。遂衍宓羲先天之旨，著書十餘萬言行於世，然世之知其道者鮮矣。

初至洛，蓬蓽環堵，不芘風雨，躬樵爨以事父母，雖平居屢空，而怡然有所甚樂，人莫能窺也。及執親喪，哀毁盡禮。富弼、司馬光、呂公著諸賢退居洛中，雅敬雍，恒相從遊，爲市園宅。雍歲時耕稼，僅給衣食。名其居曰「安樂窩」，因自號安樂先生。旦則焚香燕坐，晡時酌酒三四甌，微醺即止，常不及醉也，興至輒哦詩自詠。春秋時出遊城中，風雨常不出，出則乘小車，一人挽之，惟意所適。士大夫家識其車音，爭相迎候，童孺廝隸皆歡相謂曰：「吾家先生至也。」不復稱其姓字。或留信宿乃去。好事者別作屋如雍所居，以候其至，名曰「行窩」。

司馬光兄事雍，而二人純德尤鄉里所慕向，父子昆弟每相飭曰：「毋爲不善，恐司馬端明、邵先生知。」士之道洛者，有不之公府，必之雍。

雍德氣粹然，望之知其賢，然不事表襮，不設防畛，群居燕笑終日，不爲甚異。與人言，樂道其善而隱其惡。有就問學則答之，未嘗強以語人。人無貴賤少長，一接以誠，故賢者悅其德，不賢者服其化。一時洛中人才特盛，而忠厚之風聞天下。

熙寧行新法，吏牽迫不可爲，或投劾去。雍門生故友居州縣者，皆貽書訪雍，雍曰：「此賢者所當盡力之時，新法固嚴，能寬一分，則民受一分賜矣。投劾何益耶?」

嘉祐詔求遺逸，留守王拱辰以雍應詔，授將作監主簿，復舉逸士，補潁州團練推官，皆固辭乃受命，竟稱疾不之官。熙寧十年，卒，年六十七，贈秘書省著作郎。元祐中賜謚康節。

雍高明英邁，迥出千古，而坦夷渾厚，不見圭角，是以淸而不激，和而不流，人與交久，益尊信之。河南程顥初侍其父識雍，論議終日，退而歎曰：「堯夫，內聖外王之學也。」

雍知慮絕人，遇事能前知。程頤甞曰：「其心虛明，自能知之。」當時學者因雍超詣之識，務高雍所爲，至謂雍有玩世之意；又因雍之前知，謂雍於凡物聲氣之所感觸，輒以其動而推其變焉。於是摭世事之已然者，皆以雍言先之，雍蓋未必然也。

雍疾病，司馬光、張載、程顥、程頤晨夕候之，將終，共議喪葬事外庭，雍皆能聞衆人所言，召子伯溫謂曰：「諸君欲葬我近城地，當從先塋爾。」既葬，顥爲銘墓，稱雍之道純一不雜，就其所至，可謂安且成矣。

所著書曰《皇極經世》《觀物內外篇》《漁樵問對》，詩曰《伊川擊壤集》。

子伯溫，別有傳。（《宋史》卷四百二十七。）